Você tem fome de quê?

Teresa Palazzo Nazar

Você tem fome de quê?

Três abordagens dos transtornos da alimentação

Rio de Janeiro
2013

cia. de Freud

Editor
José Nazar

Conselho Editorial
Bruno Palazzo Nazar
José Nazar
José Mário Simil Cordeiro
Maria Emília Lobato Lucindo
Pedro Palazzo Nazar
Teresa Palazzo Nazar
Ruth Ferreira Bastos

Capa
Carolina Ferman

Revisora
Sandra Regina Felgueiras

Editoração eletrônica
Abreu's System

CIP-BRASIL. CATALOGAÇÃO-NA-FONTE
SINDICATO NACIONAL DOS EDITORES DE LIVROS, RJ

N245v

Nazar, Teresa Palazzo
Você tem fome de quê?: três abordagens dos transtornos da alimentação / Teresa Palazzo Nazar. - Rio de Janeiro: Cia. de Freud, 2013.
106 p.

ISBN 978-85-7724-109-5

1. Psicanálise 2. Psicologia. I. Título.

13-0841. CDD: 150.195
CDU: 159.964.2

cia de Freud
Endereço para Correspondência
Rua Barão de Sertório, 48 - casa
Tel.: (21) 2273-9357 • (21) 2293-5863
Rio Comprido - Rio de Janeiro
E-mail: ciadefreud@gmail.com

A José Nazar, marido e companheiro amado de todas as horas.
Aos meus queridos filhos Bruno e Pedro Nazar.
Aos que tenho o privilégio de escutar em análise.

AGRADECIMENTOS

A José Nazar, pela confiança depositada, editando este livro.

À Sonia Cardoso e Fernando Baron, pelas revisões rigorosas e sugestões enriquecedoras.

À Emilia Veron e Alcio Luíz Gomes, pela colaboração e interlocução.

A Luciano Elia, Shirley D'Avila e Isaac Vaissman pelas preciosas contribuições na apresentação, orelha e quarta capa do livro, respectivamente.

Aos meus filhos, Bruno e Pedro Nazar, pelo grande incentivo.

Aos meus pacientes, por me darem a oportunidade de escutá-los e aprender com isso.

Apresentação

Luciano Elia

Todo psicanalista que procura estar à altura de seu ofício sabe que seu ato não é sem consequências, que ele se inscreve nos planos clínico – o mais imediato e sem dúvida o mais importante, mas que não se dissocia dos demais –, social e político – incluindo os planos científico, do saber e suas formas de legitimação.

As questões que se apresentam ao psicanalista, na contemporaneidade, não podem deixar de receber dele a mais vigorosa e consequente resposta. Os quadros de anorexia, bulimia, obesidade – que compõem o que, em outra linguagem, estranha à nossa, à da psicanálise, mas com a qual não devemos recusar nosso diálogo denominam-se *transtornos alimentares* – mas também as toxicomanias, as diversas formas de patologias do ato, envolvendo delinquência, transgressões diversas às leis (e à Lei, que é sempre da castração e que de algum modo fundamenta, no real, as leis da cidade, mas não se confunde com elas), as posições do sujeito diante de deficiências adquiridas ou inatas, enfim, um enorme campo de questões que envolvem, todas e de modo central (desde que, analista, isto haja!) o que chamamos de *posição de sujeito,* abre-se hoje à atenção, à consideração e à intervenção do psicanalista.

E por quê? O que mudou no cenário do movimento psicanalítico e que fez com que nós, os psicanalistas que não estamos dispostos a praticar uma psicanálise "adaptada", relativa, alternativa, mesclando, para usar as sempre inspiradas palavras de Freud, o "ouro" da psicanálise com o bronze das psicoterapias, tenhamos tomado esses quadros em trabalho e dado a eles uma resposta rigorosamente psicanalítica? Creio que esta resposta tem um nome – Jacques Lacan – que, em seu ensino, em sua formalização conceitual e ética, nas diretrizes de sua clínica, demonstrou que a psicanálise não é prisioneira da configuração imaginária de um dispositivo, mas deve manter-se nas linhas e coordenadas estruturais do dispositivo freudiano, que se dirige a todo e qualquer sujeito, seja qual for sua condição clínica, desde que as condições de uma análise (que não dependem de diagnóstico) sejam verificadas: lugar do analista, estabelecimento da transferência, uso psicanalítico da palavra, interpretação e ato.

Essas considerações preliminares, que antecedem, integrando-o, este breve escrito pelo qual tenho a honra e o prazer de apresentar à comunidade de psicanalistas, profissionais conexos, estudantes, estudiosos e interessados em psicanálise o livro *Você tem fome de quê?*, em que Teresa Palazzo Nazar nos brinda com um percurso corajoso e valioso que toma, um a um, os quadros do que, como já assinalamos, denominam-se "transtornos alimentares", e aplica-lhes os benéficos bálsamos da escuta do inconsciente, visam a dar a esta apresentação um enquadre capaz de situar este importante livro nos eixos discursivos que lhe conferem seu valor e a extrema oportunidade de sua publicação.

Teresa se inscreve, ao trazer este livro às nossas estantes, mesas, poltronas e lugares de trabalho nos quais os psicanalistas e outros profissionais atuam – muitas vezes com grande dificuldade, dada a precariedade da literatura psicanalítica sobre essas questões –, entre os psicanalistas que decidem enfrentar campos novos da clínica, sem recuar um só milímetro de sua posição ética, conceitual, clínica e política como analista.

Assim, já no primeiro capítulo, Teresa nos apresenta uma importante discussão sobre narcisismo e autoerotismo. Este último conceito parece-nos um dos que menos atenção recebeu dos psicanalistas, e talvez ele esteja destinado a abrir portas insuspeitadas no avanço que podemos produzir na clínica dos casos que excedem a neurose de transferência clássica. A relação entre a dessexualização da libido própria aos processos identificatórios e a persistência do caráter erótico naquilo que se mantém *auto*, relativo ao corpo, mas ainda sem que o eu se tenha constituído narcisicamente de modo suficiente, parece-nos fundamental no entendimento psicanalítico desses casos, e a autora inicia seu livro justamente pela consideração destas relações.

Teresa prossegue sua trajetória tomando em conta as categorias de demanda e desejo, na dialética introduzida por Lacan e sem a qual a discussão de qualquer aspecto da clínica se tornaria vã e infrutífera. Mais ainda quando essas categorias são articuladas a quadros que se caracterizam justamente por um transtorno na relação do sujeito com o *Outro alimentar*, se puder me exprimir assim, o Outro como lugar do qual procede o alimento, objeto traumático, questão pivô do sintoma e do gozo do sujeito.

A relação do sujeito com a problemática do puro e do impuro não poderia ficar de fora, já que a aspiração à pureza (que muitas vezes encontramos em posições perversas do sujeito) constitui um fator decisivo na economia libidinal dos que recusam ou aderem radical, incondicional e ilimitadamente à demanda alimentar – sejam os que anulam em si qualquer apetite libidinal (que está na base da relação com o objeto alimentar, já que não se trata, e isso está colocado de saída, de um problema alimentar de ordem orgânica) em nome de uma cadaverização da imagem do corpo sob os auspícios da pulsão de morte, na precisa descrição da anorexia que nos traz Teresa, sejam aqueles que assumem a *fome de boi* que, na preciosa referência etimológico-literária que ela nos dá, designa o próprio termo *bulimia*. O que está em jogo é uma completa desarticulação da demanda e do desejo, sob o comando de um gozo não mediatizado pela fantasia, mas determinado pelo Outro, não sem o consentimento do sujeito.

Não poderia faltar uma referência à posição melancólica, à posição do eu como mesclada à do objeto não investido da libido e que, por isso, não se destaca do eu como imagem narcísica, fálica, com a qual o eu entra instrumentalmente no comércio erótico, e permanece como um quisto mortífero no próprio eu. Em que uma obesidade, por exemplo, pode ser interpretada como a construção de muralhas contra essa posição melancólica, letal para o sujeito?

Você tem fome de quê? conclui-se, como não poderia deixar de ser, com uma importante discussão sobre a pulsão em suas relações com as compulsões: o metaconceito, o *Grundbegriff* freudiano, fundamental em

Lacan (que é justamente a tradução da expressão alemã de Freud, razão pela qual Lacan nomeia seu Seminário XI assim) e a *clef de voûte* da psicanálise que é a pulsão está evidentemente na base das questões tratadas ao longo do livro, e portanto é também a chave de ouro que o encerra.

Uma palavra ainda, antes de comentar brevemente as duas contribuições que compõem o livro, feitas por colegas de outras áreas... Palavra que tem a mais íntima relação com essas contribuições. Tereza Nazar escolheu não se dirigir apenas a psicanalistas, não falar "entre nós". Esta sua escolha merece um comentário, a nosso ver, a título de apresentação. Se não quisermos confinar-nos em um gueto de iguais, temos que convocar o diálogo com outros campos, outros discursos, outros atores. A questão da clínica dos distúrbios alimentares (e aqui propositalmente não dissemos "transtornos", termo tomado dos manuais psiquiátricos como o DSM, citado no livro, com o qual já estamos dialogando e por isso não precisamos usar sua categoria central neste ponto) exige e convoca a interdisciplinaridade.

O DSM, cuja terminologia é adotada em *Você tem fome de quê?*, é evidentemente o campo de eliminação do sujeito: nele tudo é descrição comportamental, nada é construído como hipótese etiopatogênica (o DSM se diz orgulhosamente *a-teórico*) e as relações entre os eixos multifatoriais se cruzam sempre em uma lógica que exclui qualquer posição subjetiva (categoria introduzida por Lacan e que permite uma clara objetivação da posição do sujeito, cara ao diálogo com a Ciência).

Entretanto, se quisermos, como psicanalistas, e portanto como sustentáculos de um discurso outro, distinto do discurso científico porém dele inteiramente derivado, afetar o discurso da ciência atual, da medicina do comportamento que exclui o sujeito, o caminho não é o da mera crítica desqualificadora e arrogante, mas o do diálogo interdiscursivo, desde que não arredemos pé do nosso discurso. E é assim que tomo a enunciação de Teresa: Como dialogar com o campo científico atual, que tem suas mãos sobre essas questões clínicas de modo tão legítimo como o nosso, como qualquer outra modalidade discursiva, sem procurar uma língua comum, compartilhável, audível a todos?

É nesse sentido que as contribuições de colegas de outras áreas – Álcio Luiz Gomes e Emília Veron, respectivamente um médico que segue a orientação da Medicina Chinesa e uma nutróloga – se inserem neste livro. Álcio traz interessantíssimas relações entre os movimentos fundamentais que ele destaca na curiosa análise que faz dos fenômenos clínicos da bulimia e da anorexia (Terra e Metal) e os demais movimentos constitutivos da MCT (Água, Madeira e Fogo) e Emília nos relata elementos de sua pesquisa, bem como suas reflexões a respeito, que não deixam de incluir considerações psicanalíticas.

O diálogo está aberto, assim, em ato, na própria composição do livro, e o leitor, a quem eu entrego neste momento o prazer da boa leitura, poderá iniciar, no ato mesmo de ler tanto o essencial do corpo do livro – de autoria de Teresa Palazzo Nazar – como as contribuições de seus colegas convidados, uma boa conversa com os autores, certamente feita no mais contundente favorecimento e benefício de si mesmo.

SUMÁRIO

Você tem fome de quê?

(Comida. Composição de Arnaldo Antunes,
Marcelo Fromer e Sérgio Brito)

"Bebida é água. / Comida é pasto.
Você tem sede de quê?/ Você tem fome de quê?
a gente não quer só comida / a gente quer comida, diversão e arte.
a gente não quer só comida, / a gente quer saída para qualquer parte.
a gente não quer só comida, /a gente quer bebida, diversão, balé.
a gente não quer só comida, /a gente quer a vida como a vida quer.
a gente não quer só comer, / a gente quer comer e quer fazer amor.
a gente não quer só comer, / a gente quer prazer pra aliviar a dor.[...]"

Introdução

"Você tem fome de quê?", diz a letra da canção. A pergunta vai ao coração do ser, interroga o sujeito que habita cada um de nós, introduzindo o equívoco do sentido que se possa dar à palavra "fome".

Comer é algo que fazemos, tendo fome ou não. Para além da fome e da necessidade de saciá-la, as razões que giram em torno do ato de comer – e que o transformam em uma das atividades mais significativas de nossa vida – fazem dele um ato que não diz respeito à natureza, mas ao campo das trocas subjetivas que se expressam nas relações psicossocioculturais de diversas maneiras.

Comer tal coisa, em tal lugar e hora, sozinho ou acompanhado, guarda uma razão simbólica relacionada a questões subjetivas enraizadas na cultura, posição social, pertinência familiar e, portanto, à singularidade de cada sujeito.

A ação de comer estende-se, pois, a todos os campos da existência humana, uma vez que podemos dizer, metaforicamente, que o homem se alimenta de tudo o que o cerca, isto é, não apenas de comida, mas de odores, sons, cores, percepções táteis, enfim, tudo o que compõe o universo dos discursos, com ou sem palavras.

Ao longo dos séculos, como o comer foi se transformando na história da elaboração subjetiva do homem, em sua relação inconsciente com o corpo e com o entorno? Por que comer é tão profundamente relacionado à origem cultural, social, econômica e, sobretudo, ao modo de organização do erotismo infantil que subsiste na escolha dos alimentos da vida adulta?

Durante milhares de anos, o homem primitivo buscou saciar a fome para sobreviver; ao lado disso, ele foi circunscrevendo um pensamento em que estava em questão o desenvolvimento de técnicas de caça e pesca, de tipos de agricultura, de coletas, estocagens etc. Em torno da alimentação desenvolveu-se a ideia de território, posse, guerra e, portanto, angústia! Evitar a fome e, assim, garantir sua própria sobrevivência e a de sua família permitiu tornar as gerações ulteriores mais resistentes e transformou a relação com o alimento e o próprio ato de comer em um ritual sagrado.

Comer era viver, uma atividade de proteção contra muitos problemas, inclusive a competição com animais predadores e roedores. Comer, no período feudal, era também um ato de dominação. Os ricos comiam para mostrar poder, enquanto os pobres trabalhavam para ter direito a comer um pouco do que produziam para seus senhores.

A palavra "comer" origina-se de *companer*, que quer dizer 'comer junto o pão', ato simbólico de insistência da vida enquanto vida orgânica e subjetiva. Mas os alimentos que, primitivamente, estavam ao alcance das mãos são hoje processados pela indústria agroalimentar e quase sempre distribuídos com aspecto bem distinto do produto original, o que causa uma profunda dissociação entre o homem e suas escolhas alimentares, uma vez que ele se encontra apartado das plantações e criações de animais. Hoje, o homem não associa mais o alimento comido à experiência de dominar a natureza para dela extrair seu sustento. Comer torna-se mecânico, dissociado do prazer da vitória sobre a dificuldade vencida e/ou do saber adquirido da experiência na obtenção do alimento. Além disso, em nossos dias, a questão do comer apresenta-se como um sinal dos ideais de saúde, juventude, boa aparência etc; torna-se o sintoma de uma busca pela vida "saudável", secretamente sonhada como eterna.

Por outro lado, tomar o corpo como objeto de interrogação exige que se diga de que corpo se trata. O corpo orgânico ou o corpo significante? Na verdade, não há um sem o outro, já que não se pode falar senão de um corpo que se apresenta em três dimensões: um *corpo real*, porque inatingível em sua materialidade; *simbólico*, porque marcado pela história significante de cada um; *imaginário*, porque a singularidade das relações de cada sujeito com seu universo familiar determina que seu sintoma apresente certa preferência por este ou aquele orifício corporal, fazendo com que nele se represente sob a forma de um sofrimento, de uma doença, por exemplo, aquilo que o sujeito recebe de modo traumático.

O corpo do qual se tem notícia é aquele civilizado pelas palavras, para além do simples corpo vivente, e do qual só é possível gozar porque essas palavras o recortam, o animam. O "corpo civilizado" do falante, seu gozo, está marcado pela linguagem (COLLETTE, 2011, p. 54). Isto quer dizer que o corpo que temos a ilusão de dominar não se submete inteiramente à nossa demanda. Ele obedece aos caprichos de uma vontade que faz dele o joguete de um desejo que não compreendemos, que não se submete a nenhum sentido que se queira dar e que, por isso, apresenta-se de modo estranho à nossa percepção. No entanto, esse mesmo corpo nos é íntimo, dele falamos e sofremos. Ao dizê-lo submetido ao campo da fala e da linguagem e aos efeitos de gozo que isso provoca, por inscrevê-lo nesse campo, queremos dizer que o sujeito humano é fruto da união estranha e paradoxal do significante (simbólico das palavras) com o real do corpo. O que os une é a imagem (imaginário) produzida por uma estrutura gramatical que permite ao sujeito dizer: "meu corpo".

O ato de falar comemora a morte do que não tem nome e que, se persistisse, deixaria o filhote do homem na natureza, como estão os animais que o cercam. Ao falar, o homem denuncia sua "fome" de saber, pois não há outro motivo a compeli-lo a um suposto interlocutor que a curiosidade sobre sua origem.

O homem é diferente dos animais da natureza. Enquanto nestes o instinto predetermina seu destino na preservação da espécie, aquele sofre de um buraco colocado no lugar da resposta instintiva. Daí que não lhe resta outra saída que emitir o grito – vagido que denuncia a angústia presente no desamparo de todo bebê humano, sempre prematuro frente às suas necessidades -, só lhe restando lançar-se na demanda daquele que o ampara, com seu olhar e sua voz, com seu investimento de amor feito em palavras, muito além dos cuidados físicos necessários à sobrevivência.

Freud nomeou esse impulso que funda a possibilidade de existência do humano de *pulsão*, para distingui-lo do instinto vigente no campo da natureza. Ele também disse que tudo o que é vivo carrega a marca da morte desde o nascimento. Para ele, este é o destino de todos os seres vivos: células se renovam constantemente, cumprindo o ciclo da vida. Ele chamou de *pulsão de morte* a essa força constante que triunfa sobre a vida. A insistência da vida, porém, atenua seu efeito devastador: na imbricação com outras pulsões, oriundas do campo do Outro, isto é, do campo da palavra e da linguagem, da alteridade simbólica – o encontro com a morte pode ser adiado. O sopro de vida/morte é transcendido precocemente, bem antes da primeira mamada. Quando a mãe ampara seu filho no peito, ela lhe oferece um voto de existência em seu desejo, o qual está presente desde a concepção e atravessa toda a gestação e o parto.

Assim, as palavras que compõem o discurso materno endereçado ao bebê encontram o corpo real deste, erotizando-o, tornando-o corpo sintomático, quer dizer, corpo comprometido com o discurso que o funda como corpo humanizado. Todo bebê é a resposta possível ao desejo de um casal que, no seu encontro, ao invés de fazer um, faz três. Como diz Lacan (1972, p. 97), "não há relação sexual" e esse é o real impossível de suportar: o fato de que os corpos se esbarram no encontro sexual sem, no entanto, se fundirem em um só.

A clínica nos mostra o que há de trágico no submetimento necessário de cada sujeito aos efeitos de sua entrada no campo da fala e da linguagem, no campo da cultura. Fala-se para tentar preencher a lacuna insuportável do silêncio, experimentado como uma pequena morte – as palavras humanizam, dão vida ao corpo.

Por isso, ao dizer que "a clínica psicanalítica é o real impossível de suportar", Lacan refere-se ao corpo habitado pela linguagem, fazendo deste corpo um sintoma. Nisso reside a razão pela qual o homem não pode ser colocado como os animais na natureza. Seu corpo é estranho a ela, por padecer dos efeitos dos discursos que o cercam – que transmitem mais do que se gostaria e, sobretudo, o que não se sabe.

No discurso parental, está representada a vacilação de cada um, seu desconhecimento sobre as razões de seu desejo de criança, e isso é transmitido para o bebê sob a forma de enigma. Todo sintoma é um enigma para aquele que o porta; decifrá-lo significa abandonar a posição de desconhecimento e de nada querer saber, para lançar-se numa posição de responsabilidade sobre o que é possível ser desvelado. Essa é a operação que pode ocorrer numa análise – aquela que faz com que o sujeito abandone a posição de ignorância sobre o que deseja.

Advirto os leitores que, para a psicanálise, o impossível é uma categoria que se apresenta na experiência de uma análise como um limite, o que não se submete ao trabalho de elaboração e deciframento, permanecendo irredutível. Quanto ao que é possível numa análise, as mudanças de posição dos analisandos, o abandono de suas queixas nos dão uma pista.

Assim, a psicanálise tem seus limites e estes incluem a resistência à intuição clínica e a dependência da posição do sujeito, isto é, seu lugar no mundo da palavra e da linguagem, que faz com que cada estrutura subjetiva esteja submetida a esse ponto de impossibilidade, ocasionando vicissitudes distintas para o Sinthoma.[1]

Este livro propõe-se a uma reflexão aprofundada dos sintomas alimentares mais comuns de nossa contemporaneidade. Destina-se a todos os que têm fome, para além da questão e da função da nutrição, aos "famintos da alma", isto é, aqueles que sofrem de um mal-estar que não podem expressar de outro modo senão elegendo a boca e sua continuação no trato digestivo como órgãos a suportar o que não cessa de não se inscrever.

Ele nasceu dentro de meu consultório, escutando, dia após dia, o sofrimento de meus analisandos que, de diferentes modos, me fizeram entender, em seus sintomas alimentares, a profunda angústia e desamparo em que vivem – contam a história do aparecimento do sintoma, mas não "se contam" nele. Isso quer dizer que vêm o sintoma como se fosse uma pessoa dentro de outra, caprichosa e imperativa. Vêm-se como marionetes

---

[1] Aos psicanalistas cabe, particularmente, uma reflexão sobre a escrita desse Sinthoma no corpo. Note-se que utilizo esta grafia para seguir a distinção feita por Lacan no Seminário de mesmo nome, no qual ele explica que a mesma fala da estrutura que permite ao sujeito ter um *sintoma* neurótico como efeito do Sinthoma de portar uma diferença que se apresenta na singularidade de cada falante. Sinthoma é, portanto, o fato de alguém ser falante e, por isso, ter um sintoma (neurótico) que pode ser, por exemplo, um distúrbio alimentar.

de algo que os ultrapassa, sem palavras, fora do tempo, que se impõe e se repete mesmo quando estão determinados a disciplinar-se na alimentação, seja por questões estéticas, seja por razões de saúde.

O que fazer então com um sintoma que não cede? Tomá-lo para si, incluí-lo como parte de suas existências, como expressão de um desejo que se trata de decifrar; entender seu funcionamento, sua estruturação, perversamente escrita no corpo como uma marca recebida, silenciosamente, daqueles que estiveram presentes e/ou ausentes na vida precoce de cada um. Nesse sentido, é o trabalho conjunto de profissionais dos campos da psicanálise e da medicina em especial que tem possibilitado aos pacientes/psicanalisandos sentirem-se acolhidos para poderem suportar o longo e, às vezes, penoso caminho que possa levá-los a uma mudança radical de posição.

Para desenvolver esse tema tão delicado e multidisciplinar dos transtornos alimentares – que se apresentam como sintomas de questões subjetivas – e oferecer ao leitor uma perspectiva mais ampla, considerei sua apreensão por alguns dos diversos discursos que deles se ocupam. Nesse sentido, elegi o psicanalítico, o médico e o filosófico-histórico como eixos discursivos para delinear uma lógica de raciocínio. Tal percurso orientou-me no sentido de estudar autores médicos e conversar com outros profissionais dessa área – faz tempo que a medicina vem se ocupando dos transtornos alimentares, procurando mitigá-los com medicações e outros tratamentos apropriados.

É nessa perspectiva que, além do desenvolvimento psicanalítico, em que serão trabalhadas as implicações inconscientes, convidei dois colegas médicos, uma nutróloga e um especialista em medicina chinesa, para escreverem um capítulo cada um, referentes às suas experiências com pacientes que os levaram a refletir sobre a questão da alimentação e os distúrbios que podem aí ocorrer.

1

Do autoerotismo à imagem no espelho

Quando Freud desenvolve sua teoria da libido, explica que esta reside nos objetos de interesse do bebê, dividindo-se entre o investimento do corpo próprio (autoerotismo) e o mundo exterior. A rigor, a libido deve ser tomada apenas no campo do sexual. Ela, porém, mobiliza o desejo, mote da organização das relações do eu com o mundo.

A libido não tem a ver com os registros da assimilação da fome e do domínio da nutrição, mas pode perturbá-los, apesar de nada ter a ver com as funções de conservação de cada indivíduo.

Não obstante as pulsões autoeróticas estarem presentes desde o início da vida psíquica de um bebê, sua constituição subjetiva está na estrita dependência da construção de uma matriz egoica, de um eu, dando forma ao narcisismo.

O corpo é então imaginário, já que a imagem narcísica apreendida na experiência do estádio do espelho permite que o bebê construa sua primeira identificação, como falante que será, a partir do discurso daquele que o sustenta.

Na constituição do narcisismo estão envolvidos os registros do real, do simbólico e do imaginário. O eu humano se modula em função de uma relação imaginária do sujeito – no começo, em relação às suas identificações constitutivas, e, depois, em relação ao próprio real que o sujeito experimenta.

O narcisismo é estruturado em dois momentos, o que permite postular dois narcisismos. O narcisismo primário é justamente o que está no nível da imagem real, imagem corporal que dá a unidade do sujeito. Isto quer dizer que é a imagem que dá forma, organiza a realidade com um conjunto de quadros pré-formadores. O narcisismo primário é o dos pais; é aquele oriundo da imagem inconsciente que os mesmos têm de seu bebê. O narcisismo secundário, por sua vez, se estrutura no Édipo, vivido nas relações da criança com seus pais.

A experiência reflexiva do bebê no 'espelho' humano, a qual se completa em torno dos 18 meses de vida, permite que ele se identifique com o outro, com o semelhante, marcando sua relação imaginária e erótica com o mundo. Isso permite ao bebê se ver em seu lugar, vendo seu ser se estruturar a partir de uma reflexão ao outro. Constitui-se, assim, seu ideal de Eu – alienação fundamental que lhe garante um lugar simbólico no campo da fala e da linguagem. O que é a linguagem? Lacan já havia dito que a linguagem é feita de elementos discretos que podem se combinar e ser substituídos, quer eles sejam de natureza linguística ou não.

A imagem é, então, por um lado, efeito de um simbólico que se inscreve pelo discurso do Outro. Por outro, a ela se liga o que Lacan chamou de 'corpo pulsional', no qual comparecem os sintomas. Este é o corpo real, no qual intervém o gozo, operado pelo saber inconsciente. Cabe ressaltar que tal gozo é sem sentido, mas toma o corpo e produz, na criança pequena, seu estado de contentamento, por se ver investida pelo desejo da mãe, sua "presença".

Não posso deixar de observar que este jogo estruturante entre os registros formadores das identificações primordiais da criança marca tanto imaginária como simbolicamente o lugar subjetivo do alimento humano, que deixa de ser da ordem da necessidade (saciar a fome com leite, cuidados de higiene, etc.) para tornar-se uma demanda. O bebê se agarra ao amor do Outro para constituir-se como sujeito. Ele se aliena à demanda do Outro para tornar-se falante, segundo a lei por aquele instituída.

Daí ser possível dizer que uma boa mãe é aquela que transmite ao filho, desde a amamentação, os limites do gozo (presente no ritmo de alternância das mamadas), os quais abrem espaço à inscrição da lei do pai, que, desde o início, impõe normas ao ato de comer: o bebê não fica pendurado o tempo todo no peito da mãe. Esta sai para cuidar de seu desejo em outro lugar e entende o choro de seu filho de outras formas que não apenas fome... e volta a alimentá-lo. Esse jogo de ausências/presenças vai moldando as apresentações de apelo, marcando, repetidamente, que a criança não é tudo para a mãe – esta mostra que deseja para além do bebê. Seu amor compreende sua presença, mas também suas ausências, que sinalizam que a vida está alhures, para onde também deve endereçar-se sua cria. Nesse outro lugar, o erotismo de um e de outro encontra a lei que o orienta.

A relação mãe-bebê deve ser sustentada pela presença desse lugar terceiro, lugar da lei do pai, para que a criança possa apropriar-se de seu lugar, um eu independente da mãe, na experiência que Lacan nomeou de "estádio do espelho" (LACAN, 1998, p. 93-103).

O estádio do espelho ocorre num aquém do que se dá como linha de retorno da necessidade e num para além da demanda que nasce no campo do Outro, seja este representado pela mãe ou por qualquer outro que se enderece ao bebê.

É, portanto, no nível da operação do estádio do espelho que se instaura a matriz de um desejo a ser efetivado na experiência edípica que a ele se segue, em que as trocas simbólicas da criança com o Outro irão permitir-lhe consistir na imagem com a qual se identifica.

Desde o início, dois circuitos se estabelecem: primeiro, o do plano simbólico, que inscreve a relação do sujeito com o objeto primordial, quer dizer, a mãe (ou seu substituto), representante da alteridade simbólica, na qual se situa a possibilidade de articular o que era *necessidade,* como demanda significante. Trata-se do Outro. Segundo, o circuito do plano imaginário estabelece a relação do bebê com a imagem do pequeno outro, seu semelhante, sua imagem. Isso lhe permite fazer um vínculo consigo mesmo, com a imagem que lhe dá a ideia de sua realização imaginária.

Mas quando a mãe não pode ofertar plenamente o dom do amor, que acolhe e inscreve seu bebê na ordem simbólica e da linhagem familiar, muitos problemas estruturais podem ser desencadeados e, dentre eles, a instauração precoce de um distúrbio alimentar como resposta ao que o bebê experimenta como recusa de reconhecimento. Se a mãe é quem priva a necessidade do que satisfaz seu bebê – daí ela ter função de Outro real e ocupar o lugar da demanda – o que ela demanda é que a criança demande. Da mãe advém o primeiro dito e sobre este serão inscritos todos os outros; sua potência é a de quem enuncia o discurso que marca e erotiza o corpo do bebê.

É por meio do dom materno, veiculado por sua demanda, que se anula a necessidade – ao mesmo tempo em que ela é conservada. O que foi anulado/conservado será recuperado mais além, no campo do desejo, isto é, no campo do que foi marcado como perda da necessidade.

Lacan é claro ao dizer:

> "Há, portanto, uma necessidade de que a particularidade assim abolida reapareça para-além da demanda. E ela de fato reaparece, mas conservando a estrutura receptada pelo incondicionado da demanda de amor [...] ao incondicionado da demanda, o desejo vem substituir a condição absoluta: condição que deslinda com efeito, o que a prova de amor tem de rebelde à satisfação de uma necessidade." (LACAN, 1998, p.698)

O reaparecimento da necessidade lógica que sustenta a particularidade que marcou o sujeito faz-se presente pela incondicionalidade da demanda. Há que se observar todavia que, na via de retorno do que se perdeu na necessidade e que é da ordem do impossível, o desejo recupera como condição absoluta para o que é possível como demanda, e esta é a causa do desejo. Daí ele ser o que se obtém de diferença entre necessidade e demanda.

Toda essa digressão teórica sobre os caminhos que vão da necessidade ao desejo, passando pelos desfiladeiros da demanda, é fundamental para que se entenda como a relação do homem com o alimento está submetida ao campo das trocas simbólicas e, portanto, não tem a mesma função que se dá no campo da natureza. Definitivamente, comer é, antes de tudo, comer significantes, dar e receber afeto – e isso, do amor à angústia, pois a angústia é o sinal que denota a possibilidade de que *a falta falte*, quer dizer, que o desejo pode desaparecer, desaparecendo também o sujeito.

A determinação da demanda de uma mãe pode ou não trazer a marca, a significação de sua castração. Quando a operação simbólica é bem-sucedida, a metáfora instalada comparece do lado do bebê como resposta sintomática do que ele recebeu: o bebê vai, então, exigir mais ou menos leite, presença materna, etc., dependendo da maneira como sua mamãe lida com a própria angústia que sua presença nela provoca, já que todo bebê real se conflita com aquele idealizado pela mãe.

O primeiro alimento não será o leite, mas o olhar e a voz materna que se imbricam para acolher o bebê, fundando, assim, o lugar onde a fome pode ser saciada no ato de comer. No modo como alimenta sua cria, uma mãe lhe apresenta tanto a lei que funda a palavra quanto a montagem na qual o bebê deve encontrar satisfação, no jogo de alternância das mamadas, como já assinalei.

Porém, quando a operação simbólica de inscrição do sujeito no desejo materno sofre uma perturbação qualquer – uma significação de morte no lugar do reconhecimento efetivo do sujeito -, dá-se um curto-circuito entre necessidade e demanda. E aí surgem os primeiros elementos propícios ao desenvolvimento de distúrbios alimentares.

Muitas mães significam no choro do bebê sua dificuldade em simbolizar o lugar que ocupou e/ou ocupa junto a seus próprios pais, sobretudo sua posição frente à mãe. Daí que, numa terceira geração, quer dizer, junto à neta/neto, podem aparecer dificuldades na tomada do alimento como símbolo de investimento e, portanto, do acolhimento materno. Disso se depreende que a dependência da criança não é de alimento real, mas da função significante que nele deve estar presente. Se a mãe interpreta o choro do bebê como fome demais (ou de menos), ela o faz em função do lugar em que se vê demandante: a criança que ela foi junto aos seus pais.

Toda a problemática que gira em torno do comer inaugura uma série de questões que vão muito além do ato que possibilita a sobrevivência do filhote do homem.

Os estados limites que se mostram a partir das perturbações da nutrição serão aqui abordados, a partir das razões inconscientes oriundas das relações primordiais do sujeito com seu Outro.

2

O DISTÚRBIO ALIMENTAR INTERROGA O QUE É DEMANDA E O QUE É DESEJO

Como resposta às distorções operadas pela demanda no campo do desejo, sobretudo quando há uma demanda de morte perene, pode acontecer de o sujeito que está se estruturando no bebê encontrar dificuldades para advir. Como proteção à invasão do desejo materno, desejo de devoração, de transformação do bebê em objeto fetiche de seu gozo, só lhe resta tentar cavar um buraco, uma falta na mãe, através de uma anorexia, por exemplo.

Ao fazer referência à anorexia mental em um de seus seminários, Lacan adverte que o desejo só se apresenta como indicativo da presença de um sujeito quando a criança experimentou uma relação na qual o dom de amor se inscreveu como marca simbólica do que o Outro não tinha. E isso que faltou abre espaço para que o desejo se instale.

Na anorexia, o buraco da falta está obturado, imaginariamente, pela necessidade alimentar. Isso porque a mãe supõe ser possível suprir sua ausência de dom com o alimento. Instala-se, assim, um curto-circuito entre necessidade e demanda que exclui a possibilidade de surgimento de desejo. A criança vive a experiência como algo próximo de uma morte psíquica, já que o jogo significante que poderia permitir-lhe dialetizar o que falta e o que obtém como substituto – o amor da mãe – está cristalizado no imperativo *Coma isto!* Luta de prestígio, de dominação, em que a mãe tenta aplacar sua angústia fazendo a criança comer sua falta. A criança, por sua vez, procura, desesperadamente, cavar uma falta na mãe – uma mãe que recusa sua castração, na insistência de produzir o falo encarnado no filho. Vê-se, então, que há toda uma organização psíquica em torno do ato de alimentar/ser alimentado que pode falhar. Quando isso ocorre, nos defrontamos com distúrbios alimentares em que a angústia está presente como elemento principal, muitas vezes escondido sob o medo de lidar com os alimentos.

Por trás do medo, encontramos comportamentos de evitação marcados por rituais complexos ou atitudes de submetimento à compulsão alimentar e agitação. Tudo gira em torno da tentativa de diminuir o nível de tensão interna, subjetiva, causada pela angústia.

No encontro dessas duas demandas específicas, isto é, de alimentar e ser alimentado, uma dificuldade se instaura comprometendo o espaço do desejo: "desejo que você se alimente dos significantes que lhe transmito sem saber", do lado da mãe, e, do lado da criança, "desejo que você reconheça meu desejo de aceitar e/ou recusar tudo o que me oferece, porque não é isso! O que demando é que você me reconheça como outro, separado de você e de suas necessidades!"

O caráter articulado do desejo na singularidade de cada um – articulação determinada pela demanda do Outro – faz com que o desejo guarde algo de absoluto, que é irredutível à demanda. Daí, também, ele não poder ser reduzido a nenhuma necessidade. Operando um desvio sobre a necessidade, a demanda impõe àquela um submetimento que se apresenta como alienação, assim como faz com que, arrancada do campo da natureza, a necessidade só possa comparecer para cada sujeito marcada pelo significante, transliterada (regida pela letra)[2] na demanda daquele a quem a criança está simbolicamente referida. Por isso é tão difícil levar um sujeito a decifrar o que de verdade encerra seu sintoma que produz gozo. Há efeito de linguagem sobre o gozo, efeito que, no entanto, mantém a diferença entre gozo e linguagem. Isso que dizer que o sintoma, marcado por um saber inconsciente, carrega a cifra do que nele permaneceu como gozo: qualquer signi-

---

[2] Entende-se a letra como o que não é significante; ela é o que cai do discurso do Outro dando suporte ao significante ao mesmo tempo em que marca um lugar vazio. Por isso, podemos entendê-la com o nome de *pulsão*, como nos ensina Lacan. Isso que dizer que a letra (pulsão) irá marcar o discurso do sujeito, insistindo onde este falha.

ficante pode ser mensagem cifrada, tomada como objeto, fazendo existir para o sujeito falante o Um que o sobredetermina.

O discurso do Outro, composto não apenas do discurso materno e paterno, mas também de todos os discursos que circundam a infância de uma criança, será determinante para a vida adulta desta última. Afinal, "comemos" o mundo que nos cerca com todos e em todos os sentidos! A criança pequena aprende a conhecer as coisas através da boca, mordendo tudo o que lhe cai nas mãos. A presença da pulsão oral permite que, muito precocemente, o bebê estabeleça com o Outro uma relação tal que a borda da boca que se abre e se fecha seja também uma das bordas com as quais se constrói a moldura do mundo. Da mesma forma, os demais orifícios corporais – inclusive a pele em toda a sua extensão -, bem como os órgãos internos, estarão implicados na organização do circuito pulsional que vai do Outro ao bebê e vice-versa. Os orifícios do corpo encontram nos objetos caídos do discurso do Outro a possibilidade de uma significação que será determinante, ou não, de uma fixação, fazendo com que o sujeito padeça de uma disfunção em relação a esse orifício, quando a fixação se instala.

O privilégio por certo orifício, referente a um dado objeto pulsional, está na razão direta e proporcional da demanda da mãe sobre a criança. Demanda que faz com que a criança coloque seu próprio corpo em jogo para sustentar não apenas a demanda que lhe chega, mas, sobretudo, o desejo que não alcança – desejo da mãe que, inconsciente, exige o desaparecimento do bebê, para que vigore nele o objeto de sua demanda.

Para não desaparecer por completo na condição de mero objeto, o bebê oferece à mãe a parte do corpo que percebe como privilegiada pelos cuidados que o Outro lhe oferece. Ele oferta um pedacinho de carne para corresponder ao que comparece como falta no Outro. Uma vez que essa fique localizada, o bebê escapa de ter que dar todo o corpo, já que isso o faria desaparecer por completo pois, para vir a ser sujeito, o bebê deve aceitar ser, nesse momento, o que poderia satisfazer a fome do Outro. Quer dizer, ele oferece ao Outro uma boca insaciável ou saciada, um ânus preso ou diarreico, etc., de acordo com o que percebe como investimento do Outro nesse ou naquele orifício.

Por meio desse recorte, da parcialização do corpo, o sujeito pode constituir-se. A castração se inscreve nessa pequena perda, vivida como falta na experiência da infância. Essa operação permite a montagem da fantasia originária, em que as identificações abrirão caminho no estádio do espelho (de um ano e oito meses a dois anos) até a latência. O estádio do espelho é o momento em que o pequeno *infans* apreende sua imagem, a partir da imagem que o outro lhe devolve. É o período do Édipo, ou seja, aquele que vai da apreensão da imagem até mais ou menos sete ou oito anos, quando a latência se estabelece, como tempo de "esquecimento", até a puberdade, ao final do qual se experimenta o luto do objeto perdido. Na latência, ocorre a sublimação pulsional desse objeto perdido, dando lugar aos jogos e às brincadeiras nas quais se encena o que se fantasia do lugar que se ocupa junto ao Outro. Assim, as meninas brincam com suas bonecas, encenando os cuidados que suas mães lhes devotam, e os meninos jogam o jogo das profissões: são seus pais e seus heróis, repetindo, no brincar, o jogo da vida.

Quando estas etapas são interrompidas ou profundamente perturbadas pela invasão excessiva ou ausência profunda do Outro, a criança se desestabiliza e a pulsão, não podendo fazer o circuito da demanda que permite articular separando desejo e gozo, induz a um gozo mortífero.

É o que veremos nos distúrbios descritos a seguir.

3

ANOREXIA OU O CORPO GLORIFICADO COMO TEMPLO DE PUREZA

Derivado do termo grego *orexis* (apetite), acrescido do prefixo *an* (privação, ausência), a anorexia é mencionada desde os primórdios da civilização. Suas causas são descritas de variadas formas, sobretudo em relação à polêmica entre as causas religiosas e as causas mentais.

Antes, porém, de entrar nessa discussão, irei apresentar um resumo do que se passa organicamente no corpo, no que se refere aos circuitos da fome, satisfação e saciedade.

Em condições normais, todo mamífero superior está sujeito a diferentes transformações físico-metabólicas periódicas, que resultam, no cérebro, no sinal de fome. É a partir desse sinal primário que estes animais são impelidos às suas atividades motoras e comportamentos que constituem a busca dos alimentos, chamada 'conduta alimentar básica'.

A modificação do estado nutricional é sempre o resultado de um conjunto de fatores genéticos e ambientais que levam a uma nova troca físico-metabólica integrada, no cérebro, como sinal de satisfação de necessidade, que significa uma interrupção da conduta alimentar. Entre a satisfação e a próxima percepção do sinal de fome, verifica-se a saciedade que, por princípio, exclui a busca de alimentos.

No entanto, quando se trata do ser humano, o circuito biológico, que ocorre de modo quase invariável nos animais, sofre algumas subversões, que se devem ao fato de que o homem não tem sua conduta alimentar apenas regulada pelo que sua necessidade nutricional procura como satisfação, mas pelas variações de prazer que ele encontra na comida. Assim, o apetite diz respeito a essas variações, e o vínculo que se estabelece entre o sujeito e o objeto alimento está profundamente ligado às sensações de prazer e desprazer advindas da relação do sujeito com seu Outro. Subjetivamente, comer está, pois, na dependência histórica e cultural que esse vínculo denuncia das paixões do ser.

O gosto por determinados alimentos e o horror por outros contam a história do sujeito. Tudo o que se refere a esse campo alimentar está diretamente ligado às percepções mais remotas, àquilo que se experimentou, mesmo sem palavras para nomear. Daí que o paladar por comidas doces, salgadas, amargas, etc. guarda uma relação estreita com os hábitos alimentares adquiridos na infância. A predileção por determinados alimentos, bem como o desagrado por outros, conta um pouco da história do sujeito, o jogo de demandas estabelecido com o Outro, as exigências e barganhas que marcam na infância as boas e más memórias do aprendizado alimentar.

Proust, em seu livro *Em busca do tempo perdido*, menciona o perfume e o gosto das *madelaines* saídas do forno, como uma de suas recordações inesquecíveis. Mas nem todos têm a sorte de poder recordar a infância com alegria e saudade. Nem sempre essas primeiras experiências com a comida, que são, sobretudo, um dom do Outro, são boas.

Quando o bebê e/ou a criança não consegue estabelecer um espaço lúdico com o Outro, quando este se mostra devorador ou sem nenhum apetite, no que se refere à sua cria, apresentam-se graves problemas em torno da alimentação. A anorexia mental é um deles.

É preciso dizer que ela difere das anorexias diversas ocasionadas por doenças de origens endógenas. A anorexia mental, bem como os outros distúrbios alimentares, não está na dependência nem de uma necessidade nutricional nem de uma simples quantificação de prazer/desprazer com o que se come. Ela está conectada a um distúrbio da apreensão da imagem corporal que faz com que o sujeito distorça o que o espelho lhe devolve.

Enquanto na anorexia mental o sujeito luta contra a fome, tentando fazer valer uma necessidade absoluta de emagrecer, o anoréxico de causas orgânicas perdeu o apetite simplesmente porque a doença que possui, interfere, de algum modo particular, no centro cerebral da fome, o hipotálamo.

Na anorexia mental, há uma força inconsciente que exige a restrição dos alimentos até o mínimo para a manutenção da vida, sem que o peso corporal justifique tal medida. Apresenta-se uma necessidade imperativa de produzir um oco, um vazio interior, ao mesmo tempo que se pretende apagar os traços da diferença sexual. É mais frequente na puberdade e adolescência – ainda que se tenha encontrado, na atualidade, casos significativos em bebês, crianças e adultos.

A anorexia mental tem início não exatamente quando se quer emagrecer, mas quando não se pode fazer outra coisa que extrair do corpo o "sujo" da sexualidade, a possibilidade de despertar olhares de cobiça, etc. O emagrecimento pode ser a consequência de uma obstinação em manter a "pureza" infantil e, assim, fazer do corpo o templo glorificado da criança que se foi. Ela pode representar, também, alguém às voltas em acusar o Outro de desvitalizar o seu desejo. Para isso, o sujeito empenha sua carne, descarnando o corpo e obrigando o Outro a vê-lo definhar até a morte – mas, pelo menos, "vê-lo" como ele se vê, isto é, mortificado, esvaziado de desejo.

A anorexia mental é conhecida desde a Antiguidade, mas sua associação aos jejuns voluntários na Idade Média lhe conferiu um caráter de possessão demoníaca ou milagre divino. Um dos relatos mais antigos remonta ao século V, atribuído à Santa Wilgefortis, mas é a partir do século XVIII que a anorexia religiosa se propaga, tendo o historiador Rudolf Bell (1985) descrito a vida de mais de 260 santas e beatas da Igreja Católica, quando essa prática se multiplicou.

Talvez uma das mais conhecidas seja a história da vida de Catarina Benincasa, isto é, Catarina de Siena, que viveu no século XIV (1347-1380). Ela era a vigésima quarta filha, gêmea daquela que seria sua irmã predileta, Boaventura. No entanto, depois que esta veio a falecer durante um parto, Catarina começou a apresentar dificuldades em se alimentar, vindo a morrer de desnutrição.

Outras tantas santas, como Beatriz de Nazaré (século XIII) e Santa Verônica (século XVII), podem ser citadas como exemplos de anorexia sagrada, mas o que é importante sublinhar é que o motivo dos jejuns e a negação das necessidades corporais nessas mulheres estavam profundamente vinculados a questões religiosas, e tinham como meta glorificar o corpo como morada divina. O alimento era a oração e a eucaristia.

A "anorexia sagrada" é muito questionada por alguns autores, apesar de guardar um traço de semelhança com a "anorexia mental" da atualidade, já que também apresenta uma crise de identidade e o desejo de subverter as exigências familiares e sociais de ocupar uma posição sexualmente adulta, o que implicaria casar e procriar.

A importante diferença entre essas duas formas de anorexia, no entanto, é que, na sagrada, não havia o medo de ganhar peso e modificar a imagem pela exuberância dos caracteres sexuais secundários.

Durante a Reforma Protestante, houve uma modificação do significado do jejum, sendo este associado a práticas demoníacas – portanto, passou a ser fortemente combatido.

A primeira definição da anorexia como doença foi feita por Richard Morton, no século XVII, tendo sido por ele nomeada *phtisie-nerveuse* (1689). No século seguinte, Robert Whyte faz a descrição do caso de um menino de 14 anos que apresentava um comportamento alimentar em que havia a alternância entre bulimia e anorexia.

Mas é apenas ao final do século XIX que a anorexia nervosa começa a ser de fato descrita e estudada.

A primeira descrição deve-se a Louis-Victor Marcé (1860), em um estudo que ficou completamente esquecido durante cem anos! Coube a *Sir* William Gull e Ernest Charles Lasègue dividirem a primeira descrição psiquiátrica oficial da doença, em 1873, ou seja, 13 anos depois de Marcé. O que esses autores salientam como elementos indiscutíveis para o surgimento do distúrbio é a fragilidade subjetiva traduzida por uma visível insegurança pessoal do doente e a influência profunda e perturbadora da família, tudo contribuindo para que os sintomas persistam e/ou se agravem.

Na descrição psicopatológica da doença, esses autores a chamavam de "anorexia histérica" e supunham que se tratava de uma desregulação hipofisária.

Somente por volta de 1895 é que Freud, numa carta a Fliess, refere-se à "anorexia nervosa" como um tipo de melancolia pré-puberal cuja causa devia-se a conflitos sexuais recalcados.

Para Freud, a paciente anoréxica sofria de histeria de conversão e seu horror aos alimentos correspondia à representação simbólica do que negava de seus impulsos sexuais, daí advindo o conflito que redundava em sintomas corporais outros, além da anorexia.

No início do século XX, Pierre Janet descreve vários casos de pacientes anoréxicas, mas é apenas a partir de 1940 que a anorexia é associada, no meio médico, a causas inconscientes. No entanto, só na década seguinte, a anorexia mental deixa de ser oficialmente entendida, no que diz respeito às complicações físicas, como uma doença de causa hipofisária, para ser então nomeada como "doença psíquica" que determina a necessidade imperiosa de parar com a alimentação, originando, como consequência, numerosos problemas físicos e/ou a morte.

Nos anos 1960, houve um grande aumento de casos de distúrbios alimentares, não só em função da grande mudança nos padrões de beleza, mas, sobretudo, do movimento feminista, que buscava igualdade de direitos, e, também, o apagamento das formas arredondadas que, durante séculos, marcaram o gênero. A mudança de padrões de beleza junto à mudança social da posição da mulher trouxe sérias consequências à sua subjetividade, levando ao aparecimento de algumas doenças – entre elas, os distúrbios alimentares.

É claro que os aspectos positivos dessas modificações não podem ser refutados, mas como tudo o que implica avanços legítimos da civilização e da sociedade, temos que analisar, também, os aspectos negativos e aprender com eles para mitigar seus efeitos.

A partir dos anos 1980, as questões referentes aos desvios de conduta alimentar foram bastante estudadas por médicos, psicanalistas, nutricionistas, num esforço interdisciplinar para oferecer tratamento adequado a esses pacientes que, tal como na adicção, são sujeitos a inúmeras recidivas, cada vez mais perigosas, por suscitarem a perda de confiança no tratamento e na própria capacidade de suportá-lo.

Do ponto de vista médico, a preocupação em manter o corpo magérrimo era considerada uma forma de o paciente tentar preservar um estado físico pré-puberal, aliviando as tensões causadas pela maturação biológica, bem como de evitar os conflitos causados pelo despertar da sexualidade e a separação em relação aos pais. Ao mesmo tempo, o anoréxico é alguém que demanda a solidão; deseja produzir o vazio para tentar afastar o Outro, ao mesmo tempo em que pretende nele cavar um buraco no qual o desejo possa ser interrogado. Mas o que é interrogar o desejo quando não se quer viver? Como fazer com que alguém aceite que seu corpo expressa o eco de um dizer (do Outro) que precisa ser decifrado para que o desejo se libere?

O anoréxico nos fala de alguém profundamente desamparado, abandonado pelo Outro, já que este não o reconhece como sujeito e insiste em mantê-lo na situação de objeto da necessidade, com o qual pretende obstruir o buraco de uma falta que lhe é insuportável. É, portanto, na relação do paciente com seu Outro imaginariamente representado nas figuras daqueles que compõem seu entorno, sobretudo os pais, que vamos encontrar a fonte geradora do problema.

Com frequência, é a mãe, cuja ascendência sobre o(a) filho(a) é patente, a origem do distúrbio. Seja porque possui o fantasma da obesidade, seja porque quer que seu rebento "coma" sua angústia oriunda de outras causas, tal mãe não pode fazer da(o) filha(o) senão o objeto de uma perversão: ela significa, no excesso de preocupação alimentar, sua falta de satisfação (sexual).

Nesse sentido, uma mãe pode fazer do(a) filha(o) a mercadoria, moeda de troca no jogo de uma sexualidade inibida: "cara, eu ganho; coroa, você perde!"

Os psiquiatras e psicanalistas são unânimes em dizer que nos últimos 30 anos os padrões de beleza mudaram de modo radical, sobretudo no mundo ocidental, não só a relação de cada um com seu corpo, mas, sobretudo, o conceito, distorcendo a função e uso do mesmo. O corpo tornou-se objeto de uso para a propaganda de produtos, dietas e modismos dos mais diversos.

> "É precisamente a ausência de ilusões sobre si própria, a nudez sem véus que a beleza alcança deste modo, que lhe fornece a sua atração

> mais temível. Este desencantamento da beleza, este niilismo especial atinge o seu estádio extremo nas manequins e nas modelos, que aprendem antes do mais a anular no seu rosto toda a expressão, de maneira a que este se torne puro valor de exposição e adquira, por isso, um fascínio particular." (AGAMBEN, 2010, p.102)

As palavras do filósofo deixam claro que o corpo como mercadoria implica que ele perca a centelha luminosa que o faz humano e, portanto, diferente em cada um.

Nos casos de anorexia da atualidade, não é apenas a demanda em corresponder aos novos padrões corporais que se esconde por trás da atitude obstinada de emagrecer. É o bizarro erotismo, aliás, mortífero, da exibição do cadáver no vivente, dada a ver no anoréxico.

Numa sociedade que se recusa em lidar com a perda, que não suporta o inexorável da morte, é inquietante observar que o espaço do desejo tenha que ser preservado ao custo da "libra de carne" inaugural, literalmente exibida. A anorexia costuma produzir um forte sentimento de culpa, o qual remonta à conturbada relação que esses pacientes mantêm com seus pais, justamente em função da luta de puro prestígio que aí se estabelece. Para expiar a culpa, o anoréxico se priva do alimento para comer *nada*, quer dizer, fabricar o vazio que o separa do Outro, mantendo uma possibilidade de desejo.

Na atualidade, encontram-se vários *sites* que buscam incentivar práticas anoréxicas como modo de vida. Eles ensinam como perseverar na perda de peso, impondo a seus adeptos punições, insultos e vários comandos. Funcionam como uma espécie de suplência paterna, só que feroz e muito superegoica, levando até à morte. O movimento "pró-Ana" (*an*orexia) vem sendo proibido nas redes da internet, mas é alarmante observar o quanto arrebanhou de adeptos mundo afora.

É importante ressaltar a gravidade do problema, já que as exigências modernas parecem facilitar o aparecimento do distúrbio – seja porque existe uma distorção da imagem corporal em função de razões inconscientes, seja porque o paciente é muito influenciável e de baixa autoestima, querendo ser aceito num determinado grupo, seja por *bullying*, etc.

Quanto ao *bullying*, é preciso dizer que ele sempre existiu. Assim, o entendimento do que está na base dessa forma de recusa à diferença faz-se necessário para que possamos – psicanalistas, médicos, psicólogos, pedagogos, etc. – acolher tanto os agredidos quanto os agressores.

O assunto mereceria um estudo aprofundado, mas em poucas linhas e de modo tangencial, pode-se dizer que aquele que exerce o *bullying* não está menos submetido a alguma forma de agressão, na sua história, que aquele que é objeto de sua investida de violência. Na verdade, o alvo não é exatamente a vítima, mas alguém nele que o agressor identifica a partir da posição diferente, e muitas vezes frágil, daquele que por ele é submetido.

Para alguém que já é vítima de uma violência insidiosa, o submetimento subjetivo no convívio com os amigos e colegas de escola tende a repetir a mesma posição.

No caso dos distúrbios alimentares a forma de apresentação anoréxica pode ser a representação de uma recusa, colocada sobre o corpo, da rejeição sofrida no público.

O ouvido é um orifício corporal que não se fecha e a resposta à injúria pode localizar-se corporalmente como efeito de uma voz superegoica. O ouvido, não estando só, encontra no olhar visto como reprovador o par perfeito para organizar um distúrbio alimentar como resposta ao assédio moral.

Os critérios atuais do DSM-IV exigem que, para que se possa diagnosticar uma anorexia mental, certas condições estejam presentes. São elas:

- Recusa em manter o peso corporal, fazendo-o ficar abaixo da normalidade (menos de 85% do peso em relação à idade e tamanho);
- Apesar de apresentar uma insuficiência ponderal expressiva, ser constatado um intenso medo de ganho de peso ou de tornar-se gordo/a;
- Alteração da percepção do peso real ou das formas corporais (dismorfofobia);
- Baixa autoestima gerada pela preocupação excessiva com o peso e a forma corporal, ou negação da gravidade da magreza apresentada;
- Amenorreia durante pelo menos três ciclos consecutivos nas mulheres que menstruam (amenorreia secundária).

Pesquisas recentes mostram que a anorexia mental é uma doença que avizinha os 5% das causas de morte em crianças em torno dos dez anos e vai pouco a pouco aumentando para a expressiva taxa de 20% dos jovens com idades entre 12 e 20 anos.

Menos de 0,5% das mulheres jovens são anoréxicas puras. A síndrome bulímica atinge 1% das mulheres jovens e 0,1% dos homens jovens. Ela é mais comum entre mulheres jovens, mas pode aparecer em crianças entre nove e dez anos e até mesmo em bebês.

Quanto ao tratamento, ele está na dependência da gravidade do quadro orgânico e psíquico apresentado. Neste plano, pode se tratar de uma neurose ou uma psicose. No primeiro caso, o trabalho psicanalítico associado a um acompanhamento clínico e nutricional pode resultar satisfatório, fazendo com que a causa primária do distúrbio alimentar apareça e seja elaborada. Em casos mais graves, sobretudo quando está presente uma recidiva, pode ser necessário o uso de medicação psiquiátrica. Porém, é muito importante que a família do(a) paciente participe do tratamento, por meio da indicação de acompanhamento psicanalítico de um ou mais de seus membros, priorizando aqueles que de algum modo são identificados como figuras mais influentes junto ao(à) paciente.

Não se pode deixar de observar que a grande maioria dos casos de anorexia funciona como um dos muitos recursos que um sujeito, às voltas com seu Outro, lança mão para questioná-lo, para interrogá-lo sobre a veracidade do amor que esse lhe devota. A comida recusada é um modo de 'mostrar' ao Outro que ele, também, pode ser posto em falta.

Nas anorexias verdadeiras, o sujeito 'dá a ver' um corpo cadaverizado por não ter conseguido colocar o Outro em falta. Seu corpo é 'objeto faltante' ao Outro, corpo mortalmente descarnado que pretende, assim, impor ao Outro a falta que este recusa.

O problema da simbolização da falta que estruturalmente se inscreve como perda é uma questão central no trabalho de uma psicanálise. Ele é o motivo da busca incessante, por todo sujeito, de uma resposta que lhe diminua a sensação de não pertença a determinada posição subjetiva onde sua condição sexual está em jogo.

4

BULIMIA

Plutarco já havia comentado nas suas *Questões convivais* sobre uma festa chamada "expulsão da bulimia" (*boulimou exelasis*), em que se pretendia, por meio da encenação de um servo identificado com a bulimia, expulsar a fome de boi (*boulimos* significa, em grego, "fome de boi") e deixar entrar a riqueza e a saúde.

Expulsar a "fome de boi" não significa eliminar a fome e a escassez, e sim o comer contínuo e insaciável que se observa, por exemplo, entre os ruminadores. O termo tem origem em *bou* (grande quantidade) ou *boul* (boi) acrescido de *limos* (fome), que significa "fome raivosa" ou "fome de comer um boi".

Os primeiros relatos médicos que aludem a esta perturbação alimentar surgiram em torno de 1874, e mencionavam uma paciente anoréxica. Mas no início do século XX, alguns pacientes portadores de doenças como o diabetes mellitus e a malária foram identificados como bulímicos por apresentarem expressiva hiperfagia, e isso fazia com que fossem confundidos com os pacientes verdadeiramente bulímicos.

Também em jovens internados por longos períodos em escolas ou hospitais verificou-se que o isolamento familiar determinava os mesmos sintomas comuns em bulímicos.

A bulimia se caracteriza pela perda do controle sobre a função alimentar, levando o paciente a devorar os alimentos a qualquer hora do dia ou da noite, mesmo sem o estímulo da fome. "É preciso comer para preencher o buraco do estômago até quase explodir", diz uma analisanda, a propósito de sua relação com a comida.

Esse distúrbio vem devastando uma multidão de pessoas, sobretudo nos últimos 50 anos. Atinge jovens de 15 a 30 anos, na grande maioria mulheres ocidentais e de educação superior. Mas, talvez em função da globalização, da internet, etc., alguns países orientais começam também a notificar certo número de casos. Além disso, a bulimia não acomete apenas aqueles que têm condições de acesso à comida abundante – hoje se verifica uma incidência também em populações pobres.

Portanto, pode-se dizer que a bulimia tem quase um caráter epidêmico, guardando forte relação com os ideais da vida moderna. Suas possíveis causas são muitas, entre elas uma excessiva identificação com os símbolos de sucesso que a contemporaneidade explora, tais como as modelos magérrimas, as belas e bem-sucedidas mulheres liberadas, etc.

> "O abandono das antigas estruturas abriu a porta a todos os fantasmas, todas as esperanças de compensação, mas no fim das contas, esses valores foram apenas substituídos por outros mais radicais, e as mulheres mudaram de mestre, restando ainda como objeto sem ter necessariamente encontrado o caminho de uma autêntica feminilidade que teria sido promissora para todos." (SCHAUSSER, 2002, p.14)

O distúrbio alimentar, seja bulimia ou anorexia, em sua obrigação de levar o sujeito a atender às exigências coletivas de um modelo imagético tirânico, produz um profundo sentimento de insegurança, de dependência, de desconhecimento, de desconexão com o mundo real. Vive-se uma verdadeira desorganização psíquica da imagem.

O que chamamos de distúrbio alimentar? Por que ele se transformou em um dos sintomas do século XX, inicio do século XXI?

Nem tudo pode ser dito em palavras. Isso que escapa aos discursos vigentes, cujo estatuto é real, carente de subjetivação, se inscreve no corpo, produzindo um gozo que afeta o sujeito.

O que em outras áreas se chama "distúrbio", a psicanálise nomeia como "sintoma". Todo sintoma é acontecimento do corpo, irrupção de real que carece de sentido; gozo opaco causador de profundo mal-estar, já que incompreensível para o sujeito. Mas o sintoma é também uma solução, pois todo sujeito se acomoda às normas de um discurso pela via de seu sintoma individual, questionando com ele seu assujeitamento ao Outro e, mais profundamente, respondendo à falha na estrutura denotativa da não inscrição do sexo.

Na origem de qualquer sintoma está o modo como o sujeito é afetado pela linguagem e sua capacidade de gozar. O inconsciente inventa o sintoma como resposta à ausência de inscrição do sexo (do Outro), ponto traumático gerador de angústia que o sujeito tenta evitar oferecendo seu corpo como objeto.

Aquilo que se diz, bem como o que se cala muito precocemente na vida de alguém, virá compor "outra satisfação", para além da satisfação de qualquer necessidade. Essa "outra satisfação" é o que responde ao gozo produzido pelo acesso à linguagem, e seu nome é *inconsciente*.

Se são os discursos que regulam os modos de gozo propiciadores do liame social, então como reconhecer a bulimia – descrita há séculos – como um sintoma de nossa época? O que isso tem a ver com o discurso capitalista que nela se insere?

Somos herdeiros de um século marcado pela falta de novas figuras do amor, em que os sintomas imperam no lugar antes reservado à mostração dessas figuras. O que ocorre, então, é que no lugar dos véus do amor tentando suprir a não relação sexual, surgem a céu aberto as marcas evidentes de uma carência de recursos simbólicos para lidar com esse real. De algum modo, ergue-se o objeto para gozar que o discurso capitalista produz prodigamente no lugar antes ocupado pelas figuras de amor. O corpo é, de todos esses objetos, o mais dramático.

A bulimia é o sinal dessa devoração que responde no lugar da angústia e que, por não poder saciar aquela fome, precisa ser vomitada.

Parece que a possibilidade de um trabalho de elaboração e deciframento do sintoma oferecido pela psicanálise tem sido difícil de ser aceito como ferramenta possível no tratamento desses pacientes. Tal fato estaria relacionado às demandas de urgência em aplacar todo e qualquer sinal de angústia? Isso indicaria pouco tempo de elaboração, de trabalho de luto, que possibilitaria aplacar a força da pulsão de morte, perene e silenciosa.

Ao contrário do que se pensa, os distúrbios alimentares atingem, nos dias de hoje, não apenas as mulheres mas também uma população cada vez maior de homens. A hipótese que se sobrepõe parece calçar-se na perda de sua posição de chefe absoluto da família, o questionamento sistemático de sua virilidade e de sua posição de prestígio como provedor, além do fato de que lhe é exigido sucesso, dinheiro, juventude e competência profissional ilimitados, defrontando-o com uma concorrência cada vez mais difícil de suplantar. O discurso capitalista é tão categórico que seu efeito perverso pode ser percebido sob a forma de uma angústia difícil de suportar, em que o tempo necessário à elaboração de um luto se vê cada vez mais encurtado.

As mulheres são as mais atingidas por esse grave problema. No campo objetivo, elas conquistaram muitos dos direitos antes pertencentes ao território exclusivo dos homens, mas, subjetivamente, as coisas se complicaram, pois o enigma da feminilidade parece não ter mais lugar.

O que é a feminilidade? Poderíamos defini-la como um nome dado por cada sujeito ao objeto que, no lugar onde poderia ser encontrada uma mulher, há uma falta. Uma mulher tem valor de *trompe l'oeil* – parece ser o que não é. O que um homem deseja numa mulher, ou seja, aquilo que a torna para ele feminina, somente ele poderá dizer se ela o possui ou não.

Uma menina apreende os emblemas que no futuro farão dela uma mulher por meio de sua relação com outra – na grande maioria das vezes, sua mãe. Mas tomar a mãe como modelo é complexo, pois esta ocupa uma posição ambivalente em sua relação com a filha: por um lado, deve transmitir a lei do pai, ou seja, dar-lhe um lugar simbólico na família e na cultura e, por outro, devido à sua relação ambivalente com a castração, a falta corporal que tenta encobrir com seus adornos femininos e a transformação em pequenos substitutos do que ela não tem (o pênis), deixa a filha na posição de desamparo, de desconhecimento do que é tornar-se mulher.

O enigma da feminilidade é questão para toda mulher. É por esse motivo que há certa cumplicidade entre elas, o que faz com que se reconheçam a partir de uma posição desejante, cuja causa está sempre em outro lugar. A cumplicidade está no desconhecimento: as filhas têm com suas mães uma relação de amor e ódio, denotando o ressentimento e a decepção por descobri-las impotentes e ao mesmo tempo exigentes na cobrança da suplência de suas carências.

Sabe-se o que "deve ser" uma mulher desejável: ela está nas revistas de moda, na televisão, nos cargos políticos, enfim, em todos os lugares, sobretudo naqueles antes reservados apenas aos homens.

> "A epidemia dos distúrbios do comportamento alimentar é o reflexo de uma deficiência do feminino no interior mesmo dos valores coletivos e esse desequilíbrio atinge tanto os homens quanto as mulheres, mas de modo distinto. O superinvestimento dos valores masculinos leva a uma estagnação da dinâmica evolutiva do ser, um medo do inconsciente e da necessidade espiritual em benefício do voluntarismo e do pensamento lógico. A alma fica nas trevas, homens e mulheres são atingidos em sua integridade, privados de uma mais ampla dimensão relacional." (SCHAUSSER, 2002, p.15)

Entender esse problema como uma questão que toca não apenas às mulheres, mas à própria estrutura do feminino implica refletir sobre as influências culturais. O que isso teria a ver com a também evidente liberação dos costumes?

Freud havia previsto os efeitos da exposição de crianças à sexualidade dos pais nos *Três ensaios sobre a teoria da sexualidade e outros trabalhos* (1905-2006). Nesse texto, ele deixa claro que as crianças criam teorias fantasiosas para explicar aquilo que elas desconhecem e lhes causa profunda impressão. Esse verdadeiro trabalho de elaboração, tão fundamental para que se possa atravessar a infância criando uma teoria sexual que permita ao sujeito sublimar as pulsões, particularmente nesse período muito presentes, fica comprometido, a partir da banalização do sexual exposto de modo cru, desprovido de enigma pela mídia, etc.

Parece, então, não haver mais lugar para um gozo privado, no qual o que o produz remete à cena inconsciente da fantasia de cada um. O gozo prescindiria da marca de diferença, gozo do idêntico, sendo a mesma coisa estar com um homem e/ou uma mulher.

Quando Lacan (1972) diz que a mulher é sintoma para o homem, ele está apontando para o fato de que ela carrega no corpo a marca da castração à qual, tanto o homem quanto a mulher devem estar submetidos. Castração que faz da diferença o encanto e o mistério que pode ser o gozo feminino.

Desde Freud, a questão sobre a feminilidade interroga os psicanalistas. Apesar de muito se dizer sobre este assunto, vale acrescentar que a liberdade obtida pelas mulheres em vários campos não lhes deu muitas respostas sobre sua condição feminina. Paradoxalmente à conquista de uma posição igualitária face aos homens, as mulheres foram perdendo os atributos que durante séculos lhes pertenciam, e se viram despojadas dos elementos identificatórios que as sustentavam como mulheres. Por outro lado, como consequência dessas mudanças no campo feminino, os homens se viram questionados em sua posição viril. Tais questões são vividas cada vez mais cedo pelos jovens e crianças, sobretudo as meninas: a precocidade da vida sexual ativa e a demanda de uma competitividade excessiva vêm provocando uma crise identificatória junto a essa população, levando-a aos vários distúrbios, entre eles os alimentares, como sintoma do que não conseguem "digerir". Como isso se concretiza?

A menina deve tornar-se sedutora aos olhos das amigas e da "mídia", e para isso precisa transformar seu corpo infanto-juvenil num corpo de mulher. Mas, o que é ser mulher? Sem recursos para responder a essa questão, uma garota busca refúgio na criança que teria sido, e luta para tornar-se adequada ao modelo exibido na mídia de uma mulher com total domínio sobre seu corpo e seu futuro! O conflito, então, se instala.

A valorização de corpos esculturais é entendida como uma exigência necessária, um sinal de boa saúde física e mental e, portanto, abre portas no mercado profissional. Mas a obrigação de ser magro coloca os jovens rapazes à beira do mesmo precipício dos transtornos alimentares dos quais as jovens, tão comumente, se tornam prisioneiras.

Os mecanismos são os mesmos, sempre começando com uma pequena dieta para "ter melhor aparência" (sic). Logo, logo, aparecem os pensamentos obsedantes de emagrecer um pouco mais e, com eles, o medo e a angústia em relação à comida.

Mas é sempre o olhar do outro que desperta a angústia! Se todo adolescente tem dificuldades em lidar com o despertar da sexualidade, o jogo da sedução e o desconforto com as mudanças corporais e subjetivas sofridas... então, o modo mais fácil de tentar se proteger é criar barreiras, tentar ficar invisível usando roupas unissex, que não mostram a silhueta diferente da criança que se foi, é fazer penteados que escondam as espinhas ou o nariz desproporcional... A clínica com adolescentes mostra que esse período da existência, em função das incertezas, medos e descobertas, provoca tanta angústia que o(a) jovem pode sucumbir ao apetite insaciável da moda como forma de tentar aplacar o desamparo vivido.

5

OBESIDADE, MURALHAS DE DEFESA

São conhecidos, atualmente, dois tipos distintos de obesidade, os quais se agrupam segundo uma distribuição patológica da gordura corpórea. Durante séculos, contudo, o corpo de grandes proporções não era considerado um problema de saúde, era status social – a opulência corporal era sinal de fartura nas finanças, um traço de poder. No século XIX, sobretudo em função da febre de pesquisas no campo da ciência médica, a obesidade começou a ser vista como sinal de doença física e psíquica. No século XX, portar uma grande massa corporal, de fato, marginalizava as pessoas e dificultava a aceitação pelo grupo. É indiscutível que ainda existem culturas que apreciam a abundância física, como algumas sociedades africanas, mas, no Ocidente contemporâneo, ser gordo é sinal de indolência, falta de determinação, fraqueza psíquica, o que acarreta uma série de preconceitos.

O que é essa patologia do excesso de peso em pessoas que não estão apenas nas classes sociais mais favorecidas, mas que se encontram em qualquer segmento socioeconômico?

A Organização Mundial de Saúde (OMS) define como padrão de obesidade aqueles que têm um índice de massa corpórea (IMC) superior a 30 kg/m^2 (por exemplo, alguém com 1,72 m e pesando 89 kg). Ela também divide as obesidades em dois grupos principais: obesidade que privilegia o acúmulo de gordura no ventre e peito, identificada como androide (nos homens) e, ginecoide (nas mulheres), cuja acumulação de tecido adiposo se apresenta preferencialmente nas nádegas, quadris e coxas.

Uma mulher considerada obesa pode ter a circunferência abdominal, por exemplo, em torno de 90 cm, ao passo que seria obeso um homem de cintura em torno de 100 cm, todos dois com mais ou menos 1,68 m.

Muitos são os problemas orgânicos e psíquicos que surgem da obesidade e do preconceito decorrente desta condição.

Do ponto de vista orgânico, encontramos, na obesidade do tipo androide: as complicações cardiovasculares (hipertensão arterial, infarto do miocárdio, acidentes vasculares cerebrais ou periféricos, etc.); problemas respiratórios (insuficiência respiratória, apneia do sono, etc.); diversos problemas metabólicos (baixa do colesterol bom/HDL, diabetes, aumento dos triglicerídeos, etc.); doenças hepatodigestivas (como a esteatose, quer dizer, a invasão de células gordurosas no fígado); e diversos tipos de câncer.

Na obesidade do tipo ginecoide, são mais frequentes os problemas que afetam as articulações (artrose, dores diversas na coluna vertebral), o sistema venoso, câncer de útero e mama, litíase biliar.

Por que, apesar de saber de todos esses riscos, das limitações que o peso excessivo impõe à vida privada e pública, das enormes perdas que se efetivam tanto na vida objetiva quanto subjetiva, é tão difícil para um obeso(a) emagrecer e/ou permanecer magro(a)?

Existe uma teoria médica que leva em conta fatores genéticos, apesar de não existir um gene específico para a obesidade. O que se sabe diz respeito a algumas doenças metabólicas, muitas de origem genética, que podem provocar o desencadeamento deste quadro. E, mesmo nesses casos, o que mais conta não é a doença de base, mas os efeitos colaterais, tanto físicos quanto psíquicos, que fazem parte das queixas.

O paciente obeso é refratário às propostas de dietas e regimes restritivos, não por ser preguiçoso ou pouco persistente, e sim porque, na grande maioria das vezes, seu ganho de peso começou precocemente. Na infância e/ou adolescência, ele já tentou todas as dietas e regimes, sem sucesso e, afinal de contas, a gordura é como um escudo contra o que, na imagem corporal, é insuportável de ver: o olhar reprovador do outro. Ele quer ser magro, porém, sem dieta e sem atravessar esse olhar que o aprisiona numa imagem infantil, indefinida.

Nos meios médico e psicanalítico que se ocupam dos distúrbios alimentares, é mais ou menos difundida a necessidade de se distinguir duas fases da obesidade. A fase *dinâmica* ou *ativa*, durante a qual o peso aumenta gradativamente, é chamada pelos médicos alemães de *Fettsucht*, e corresponde ao acúmulo progressivo de gordura nos tecidos. A fase *estacionária* ou *estável* é aquela correspondente à estabilização de certo peso alcançado – os alemães a chamam de *Fettleibigkeit*.

Mas o que tanto os médicos quanto os psicanalistas acabaram por entender é que a curva de estabilidade ou instabilidade do peso é um elemento de acompanhamento mais importante do que o monitoramento do ganho de peso isolado. Se o peso ficou estável por longo período e o paciente está se sentindo bem e produtivo, não há muita razão em insistir na sua redução. Melhor é insistir para que a pessoa fale! É surpreendente o que alguém pode elaborar e descobrir quando a gordura deixa de ser o único foco da conversa e a vida passa a ter outro sentido que a luta constante com a balança e a baixa autoestima.

Muitas pessoas tornam-se obesas apenas na idade adulta, sobretudo na meia-idade, ou na menopausa. E não é claro que elas, de fato, estejam preocupadas ou afetadas com seu ganho de peso, já que, para muitas, isso faz parte do tornar-se mais velho ou mais velha.

A obesidade é mais comum nas mulheres do que nos homens. A incidência, porém, de doenças cardíacas associadas à obesidade é mais presente nos homens. Ela também não afeta crianças em demasia, mas é alarmante verificar o aumento considerável dos casos de obesidade cada vez mais precoces.

Muitos psiquiatras, nutrólogos e psicanalistas consideram o problema da obesidade como consequência direta de múltiplos fatores, sendo um equívoco dizer que toda obesidade é fruto de uma perturbação psíquica severa, como as psicoses. Na realidade, é necessário diferenciar os aspectos psíquicos que podem causá-la daqueles criados pelo "estar obeso", sobretudo quando o sujeito vive numa cultura hostil a qualquer um que fuja à imagem padronizada do "magro, saudável e de sucesso".

A vida nas grandes cidades, nas quais são muito altas as exigências em torno do desempenho profissional e pessoal, e quando cada vez mais exíguo o tempo para o convívio familiar e social, obriga as pessoas a se alimentarem mal, a não terem muito tempo para o lazer (atividade que leva, naturalmente, as pessoas a fazerem exercícios), e isso provoca um nível de estresse tão elevado que pode propiciar como resposta o desenvolvimento de uma obesidade. Mas explicar a obesidade apenas com esse dado, frequentemente veiculado nos meios de comunicação e artigos de revistas científicas, seria simplificar a questão. O problema toca profundamente o argumento já mencionado da constituição do sujeito, de sua relação com o outro, desde muito precocemente.

A apreensão lacaniana do corpo implica três registros, ou seja: real, simbólico e imaginário (RSI). O sintoma que os enlaça se apresenta, na atualidade, de modo frouxo. Isso porque a palavra como recurso simbólico cede cada vez mais lugar ao ato imediato, que não faz laço social; ele apenas produz objetos para o consumo. Se não há circulação de discursos, produção de semblantes, comparece a angústia.

A obesidade, assim como outros distúrbios alimentares, é o sinal de que o fantasma inconsciente de um pai ou mãe pode fazer com que eles tomem um ou mais componentes de sua prole como objetos de atualização de suas questões fantasmáticas a despeito de, conscientemente, amá-los. O dilema não é só o que se diz, mas o que se cala! A impossibilidade de fazer o luto da criança que se teria sido para os pais, pode *melancolizar* um sujeito a tal ponto que ele fique reduzido apenas à condição de dois orifícios: uma boca que devora e um ânus que expulsa.

O problema da obesidade só pode ser tratado levando-se em conta a angústia resultante de um discurso (o discurso capitalista) que transforma o sujeito em instrumento de um gozo obsceno.

Dois padrões anormais de alimentação foram encontrados por Stunkard, em 1959, em pacientes emocionalmente perturbados. O primeiro, a *síndrome da fome noturna*, é caracterizado por anorexia matinal e hiperfagia noturna, acompanhada de insônia; é mais comum em mulheres e desencadeado por estresse, angústia intensa.

O segundo, a *síndrome de "binge" de fome*, caracteriza-se pelo desencadear repentino da ingesta compulsiva de enorme quantidade de comida, em curto espaço de tempo, em geral seguida de intensa agitação e culpabilização. Essa forma de apresentação de um distúrbio alimentar também é desencadeada por reação a situações de estresse, mas ela contrasta com a *síndrome da fome noturna* por não ser periódica, e sim ligada a circunstâncias especiais, como desapontamento, desamparo, solidão, insulto, etc. As duas síndromes são resultado de posições conflitivas frente às adversidades da vida, sobretudo situações de frustração por não corresponder às idealizações familiares e culturais.

Hilde Bruch, em seu livro *Distúrbios alimentares*, comenta os resultados do pesquisador Hamburger, dizendo que muitos desses pacientes comem em excesso em resposta a tensões emocionais de causas inespecíficas ligadas às variações de humor; para outros, o surto de hiperfagia tem como causa uma perda importante, causando frustração, etc., e o paciente usa a ingesta de comida como tentativa de reparar o dano causado pela situação desprazerosa. O terceiro grupo de pacientes refere-se aos casos de depressão grave e/ou doenças insidiosas, que por longos períodos desequilibra emocionalmente esses indivíduos.

Em suas conclusões, Hilde nos diz:

> "cheguei à conclusão de que, para muitos, a obesidade tem uma função importante: é um mecanismo compensatório numa vida frustrante e estressante. Em outros, no entanto, está associada e diretamente relacionada a distúrbios severos e adiantados do psiquismo. Eu observei, nos casos mais graves de distúrbio mental, intrínseca relação com o descontrole do peso. Estudos de *follow-up* em crianças de classe social desfavorecida, primeiro observadas há trinta e cinco anos atrás, revelou significantes diferenças de reações psíquicas, com diferentes padrões de desenvolvimento. Stunkard afirma que os pacientes com padrões alimentares anormais, geralmente tornam-se obesos antes da adolescência." (BRUCH, 1973, p.124)

Mas se é certo que as razões das obesidades são multifatoriais, é também verdade que numa sociedade em que há pouco espaço para aceitar a diversidade e na qual se valoriza uma imagem corporal padronizada na magreza, com músculos esculpidos, torna-se difícil não considerar as dificuldades em alcançar tais ideais como um fracasso imperdoável.

O comer noturno e os episódios de fome incontrolável são dois sintomas evidentes de um mecanismo compensatório de origem pulsional e, portanto, inconsciente.

Incontáveis pacientes afirmam que, mesmo seguindo rigorosamente os regimes, são "assaltados" pelo descontrole que os leva a ingerir fora de hora e, às vezes, em grande quantidade, a comida permitida e/ou proibida. Os sentimentos de vergonha e decepção que acompanham esses episódios são, quase sempre, as razões que levam ao abandono dos regimes. Contudo, é importante dizer que esses dois tipos de distúrbios são muito encontrados em pessoas submetidas à forte pressão psíquica, interna e/ou externa, traduzida por leve ou severo estado depressivo, podendo apresentar insônia, taquicardia, irritabilidade e outros sintomas.

Todo mecanismo compensatório tem a função de tentar eliminar, ou ao menos afastar, uma situação de desconforto e/ou angústia. Ele lança mão das pulsões que não entraram no circuito da ordem significante, restando, portanto, fora da palavra. Essas pulsões são como objetos do período pré-verbal, quando tudo o que é dito em torno do berço do bebê, todas as palavras, são tomadas como objetos concretos. É a insistência dessas pulsões, no indivíduo adulto, que pode justificar o aparecimento, estranho à vontade consciente, dos dois mecanismos antes citados, isto é, a *síndrome da fome noturna* e a *síndrome de "binge" de fome*. Isso porque essas pulsões, como tudo o que resta no real da experiência do sujeito, retornam no simbólico – pode-se dizer que apontam, no momento de surgimento da angústia, para a posição em que o sujeito se encontra frente ao seu fantasma inconsciente. Não há como retornar à origem da estruturação do sujeito no fantasma, mas é possível ler aí, no que se apresenta como sintoma na fala e no corpo, o que do significante resta como efeitos de sentido. Isto é, o sintoma que estes sujeitos mostram evidencia a posição de submetimento em que se encontram frente às exigências do Outro.

Esses pacientes experimentam, numa análise, a possibilidade, senão de resolução desses sintomas, ao menos de um reviramento em suas posições, o que lhes permite reduzir a uma cicatriz a devastação do gozo insuportável que antes os atormentava.

6

Obesidade na infância e na adolescência

Não são de todo evidentes as causas, na infância, do ganho excessivo de peso, ainda que se tenha mapeado e verificado bom número delas. Mas, por que muitas crianças apresentam uma obesidade alarmante, mesmo com toda a propaganda em torno de uma alimentação balanceada e saudável e dos cuidados prestimosos dos pais?

Sabe-se que existe uma relação entre a nutrição e o processo de crescimento; assim como o aparecimento das características sexuais secundárias denota a maturação gonadal a tempo, apenas quando não há uma perturbação importante da alimentação, para mais ou para menos.

Toda a questão começa no fato de que a exigência alimentar está submetida à pulsão oral, que vimos ser uma invocação ao Outro, sobretudo o materno. E o que a criança pede ao seu Outro? Ela solicita seu olhar, o reconhecimento de que sua existência como sujeito encontra lugar, para além do desfiladeiro das demandas, no desejo desse Outro.

A mãe muito ansiosa, que por algum motivo estabelece uma relação doentia com seus filhos a partir da alimentação, pode levá-los a se tornarem crianças obesas.

Mas, às vezes, o problema recai sobre um filho ou filha apenas, e este passa a ser o alvo da ansiedade e até da hostilidade dos pais, uma vez que eles veem o ganho excessivo de peso da criança como um vergonhoso sinal de seu fracasso. Além de todas as doenças que podem desencadear um ganho ponderal anômalo na infância, a falta de exercícios regulares associada à grande ingesta, sobretudo de carboidratos e gorduras, são as causas mais relevantes da obesidade neste período da vida.

No entanto, a pergunta crucial é: por que uma criança recusaria exercitar-se, quando se sabe que a necessidade de movimento, de testar os limites do corpo, de descobrir o que a cerca, faz parte da infância? O que levaria uma criança, aparentemente saudável, a escolher ficar isolada, de preferência em casa e na frente da tevê ou da tela do computador, comendo sem parar?

A primeira hipótese, que pude constatar em muitos casos, foi a de um estado depressivo, que muitas vezes passa despercebido dos pais. São crianças que se sentem inseguras em relação às suas posições como filhos(as) amados(as), que se veem mal, desconfortáveis no próprio corpo. E os pais não ajudam muito, na medida que não acolhem as dificuldades dessas crianças, muito preocupados que estão com seu desempenho escolar, esportivo e social. Na verdade, são pais que deslocam para seus filhos suas dificuldades, e são incapazes de ajudá-los de modo adequado. Quase sempre esses pais também precisam de atendimento, para que possam reencaminhar suas questões e enxergar as dificuldades da "sua criança", a que ficou relegada ao inconsciente, antes de poder cuidar de um(a) filho(a) que esteja apresentando algum problema.

Os fatores emocionais na obesidade infantil seguem sendo a causa mais relevante do problema, tanto para médicos quanto para psicanalistas – as causas endócrinas são muito menos comuns.

Outra questão importante – e que de certo modo já foi aqui mencionada – refere-se à oferta e escolha dos alimentos. É sabido que os hábitos alimentares representam importante fator no desenvolvimento da obesidade. Então, comer desde pequeno grandes quantidades de comida, pouco ou nada recomendadas, como muitos doces e gorduras, pode desenvolver as células de gordura, que, uma vez preenchidas, estarão sempre presentes, mesmo que a pessoa perca peso e, com isso, as esvazie.

Quanto aos adolescentes, é preciso dizer que, do ponto de vista subjetivo, os efeitos da obesidade são catastróficos. A adolescência é o período em que a imagem corporal, em franca e profunda mudança, tem importância fundamental. É também, por causa dessas mudanças, um período de muito conflito, insatisfações com o que o espelho devolve, e medo de não agradar a nenhum parceiro ou amigos. Mas é, sobretudo, o período no qual surge uma enorme preocupação com o peso corporal, talvez como metáfora do peso da infância, que o adolescente luta para deixar para trás. Para o adolescente, o corpo magro é o bilhete de entrada no mundo dos adultos de sucesso, já que a aparência amorfa conferida por um corpo gordo lembra um bebê rechonchudo e demandante de cuidados. E isso é tudo o que um adolescente sem problemas não quer, isto é, ser uma criancinha a ser cuidada pelos pais!

A puberdade, marcada pelo desenvolvimento dos órgãos sexuais e das características sexuais secundárias, é a ponte entre a infância e a adolescência propriamente dita, a qual não advém sem os conflitos que lhe são próprios, tais como: apoderar-se de uma identidade própria, escolher o(a) parceiro(a), a carreira, etc.

Muitos adolescentes não sabem como lidar com essas questões, tão profundamente particulares a esse período da vida. As razões são muitas mas, em todas, encontraremos o componente emocional, uma vez que a adolescência é marcada pelo levantamento do recalque[3], a perda do ideal do pai herói e da família perfeita e protetora.

Nesse período da vida conta mais a opinião dos amigos, que não são nada indulgentes com os problemas referidos a uma imagem distinta daquela que apresentam os outros membros do grupo. Assim, esses jovens, que com frequência possuem uma história de obesidade na infância, chegam à adolescência e então se dão conta de que é preciso perder o gozo com a comida para ter direito a outros. Mas é claro que essa troca só tem sucesso quando os jovens envolvidos, apesar de estarem acima do peso, são bem resolvidos em relação à autoestima.

E o que ocorre quando se trata de um jovem que vem ganhando peso desde sempre e, ao chegar à adolescência, encara as brincadeiras dos amigos e colegas como uma confirmação da sua estranheza, de sua inadequação ao grupo?

Muitas vezes, são jovens que cresceram construindo uma imagem perturbada de si mesmos, inseguros em relação à posição ocupada na fa-

---

[3] Em psicanálise trata-se do "esquecimento", comum a acontecimentos importantes, sobretudo referentes à infância.

mília, inibidos em suas potencialidades. São jovens para quem a comida é um conforto frente às frustrações e uma fuga aos desafios da vida. Essas pessoas, em geral, vão se isolando do grupo, tornando-se inativas, cada vez mais inibidas e, o que é pior, engordando mais.

Trata-se de pacientes que têm algo em comum com os anoréxicos, pois eles também têm dificuldade em perceber as verdadeiras necessidades corporais e lhes dar a resposta adequada. Sua percepção da fome está profundamente alterada, e têm a sensação de estarem "vazios" toda vez que o estômago não está empanturrado.

São pessoas inábeis para lidar com seu próprio corpo e emoções, que sofrem por não terem a percepção e domínio sobre as reais demandas corporais no que se refere à alimentação. Para eles, o corpo não lhes pertence, é propriedade e território de um outro que os invade e deles abusa. É esse outro, colocado em algum lugar fora do corpo, que tem o controle da ingesta dos alimentos. Por isso, comem o que lhes passar pela frente, numa espécie de transe que só termina quando não aguentam mais, quando já atingiram vários graus acima da saciedade.

O excesso de peso na adolescência pode interferir seriamente na iniciação da vida sexual. Jovens obesas podem sentir-se incapazes de atrair olhares de desejo sobre si, mas também, ao contrário do que se imagina, podem se tornar promíscuas, tendo relações sexuais indiscriminadamente, como meio de esconder suas inseguranças em relação à capacidade de seduzir e conquistar alguém.

O que se observa junto a essa população é que a busca de reconhecimento e de afeto, o profundo sentimento de não-pertença ao grupo, faz com que esses sujeitos passem a não acreditar em si mesmos, seus valores, seus critérios de avaliação e escolha. Estão aprisionados numa posição fantasmática, em que são objetos da inveja desses pais, por se permitirem comer com prazer. São filhos de pessoas que mantêm severa vigilância sobre sua própria alimentação, uma vez que os ideais de saúde e boa aparência lhes são muito caros e sinal de sucesso.

Nas histórias desses pais, quase sempre há uma perda importante que eles não conseguem recuperar. É interessante observar que esta perda pode ser de alguém ou de uma posição privilegiada que o sujeito supunha ter na constelação familiar. A dificuldade de fazer um luto, de elaborar a perda, muitas vezes leva o sujeito a um estado permanente de melancolia, cuja estratégia é evitar a angústia. Esta também pode ser evitada por meio de um mecanismo de defesa: a construção de uma imagem idealizada – para o sujeito ou para outro com quem aquele se identifique. Quando isso ocorre com um pai ou uma mãe, as consequências podem ser devastadoras para o(a) filho(a) escolhido(a).

Ocorre que não se transmite somente o que se gostaria, mas, sobretudo, o que não é elaborado. O que permanece de fato como falha no saber inconsciente retorna sempre naqueles em quem se investem as paixões mais secretas, isto é, os filhos. Daí, que os jovens adolescentes que apresentam algum distúrbio alimentar captem, inconscientemente, a cifra que lhes cabe do desejo de seus pais e, ao exibi-las no corpo, mostram o que há de verdade inconfessa nesse desejo que os antecede. Talvez, por isso, seja tão difícil, aos pais, oferecer uma palavra verdadeiramente acolhedora. Seu discurso, quase sempre, é ambivalente, marcado pela angústia percebida pelo(a) filho(a) como manifestação de desamor.

Assim como o tratamento nos casos de anorexia e bulimia, as obesidades exigem um trabalho multidisciplinar para que se possa alcançar um resultado satisfatório junto aquele que se queixa.

Com frequência, os pacientes preferem resolver o problema do excesso de peso de forma rápida, seja com medicação, seja com cirurgia. Hoje, muitos desses pacientes reduziriam os riscos de uma recidiva do problema se aceitassem, de fato, submeter-se ao trabalho psicanalítico. Por que, então, a grande maioria deles recorre apenas em último caso a essa experiência?

O recurso a uma psicanálise implica o reconhecimento, pela pessoa, de que há algo em seu comportamento compulsivo, com relação à comida, que lhe escapa. E isso que a faz comer em excesso não é controlável por sua vontade consciente de ter saúde, de ficar magro(a), etc. Funciona como um sistema autônomo, alheio à vontade do(a) 'dono(a)'; é um saber não sabido por ele(a).

No trabalho psicanalítico, as razões de uma compulsão alimentar comparecem durante o trabalho elaborativo, como efeito do exercício de associação que se desenrola na própria situação transferencial. Em outras palavras, o analisando fala ao analista esperando que este decifre o enigma de seu sintoma, mas, para sua surpresa, as respostas que esperava vão surgindo em seu próprio discurso. Mesmo que o sintoma não se dissipe por inteiro, o sujeito encontra na fala um escoadouro para o que antes engolia e calava junto com a comida. A possibilidade de falar e 'se escutar falando' para um outro o motivo de seu sofrimento modifica a posição subjetiva do sujeito, permite que ele possa se ver de outro modo, rompendo com a imagem fixa e degradante do(a) gordo(a).

Romper as muralhas de defesa erigidas precocemente para evitar a iminente invasão de um Outro obsceno e crítico é já uma vitória para esses analisandos. Mas o trabalho psicanalítico visa levar o sujeito a dizer em nome de que desejo seu sintoma responde. E essa tarefa não pode ser cumprida sem que ele reconheça a angústia que a perda iminente de sua velha posição vitimada lhe causa.

Talvez por isso, muitos pacientes abandonem o trabalho psicanalítico antes desse ponto, preferindo ficar com os efeitos paliativos e temporários de uma terapia que vise à compreensão dos elementos de sua história. O trabalho psicanalítico propriamente dito não termina antes que o sujeito possa extrair da experiência a cifra que lhe dá seu peso na perda aí efetuada.

Isso quer dizer que se trata de suportar não apenas a perda de peso corporal, mas o que isso significa subjetivamente: a perda de uma posição imaginária, em que o sujeito se via na responsabilidade de carregar o peso, a soma dos preconceitos daqueles de seu entorno a quem demandava amor e reconhecimento.

A tarefa psicanalítica pode até ser vista como lenta e dolorosa, mas seus efeitos são, na verdade, libertadores, porque permitem a aquisição de um saber que não se esquece – daí o resultado ser duradouro. E mesmo que o sujeito não alcance inteiramente o objetivo de emagrecer tudo o que desejava, a experiência de uma psicanálise pode levá-lo a "fazer as pazes" com seu corpo, já que não se tratará mais de perseguir uma imagem idealizada e aprisionante, e sim de reconhecer os limites do corpo e do discurso sobre o corpo.

O mais difícil não é emagrecer, mas perder o lugar de gozo da criança que detinha o amor dos pais pela via da preocupação e das críticas. Ser criticado significa, por vias transversas, ser amado.

É claro que, muitas vezes, os relatos dos pacientes e analisandos nos falam de um abandono evidente e/ou insidioso, quando eles se sentem preteridos por um ou os dois membros do casal parental. Às vezes, a situação de exclusão só se evidencia na escola, quando a convivência com outras crianças ou adolescentes exige que se lance mão da bagagem acumulada entre os familiares. Se o sujeito apresenta insegurança, baixa autoestima, etc., decerto o motivo disso não é exterior, mas interno à posição que ele ocupa frente às suas questões edípicas. No confronto com o grupo, suas identificações inconscientes são colocadas à prova. Responder às demandas do grupo é, antes de tudo, revisitar sua posição inconsciente no fantasma, quando o sujeito está identificado, fixado a um objeto, identificação esta à qual ele responde com seu corpo. Por isso, toda vez que uma criança (ou adolescente) se vê excluída do grupo, é preciso que se entenda que o movimento de exclusão é propiciado pelo próprio sujeito, na repetição de uma cena inconsciente na qual ele se vê inexplicavelmente na posição de excluído e a atualiza no grupo, numa vã tentativa de dar significado ao que lhe surgiu como enigma.

Por mais estranha que possa ser a compreensão desses mecanismos que a neurose faz o sujeito repetir, é preciso saber que o mal-estar aí obtido é, paradoxalmente, motivo de gozo, pois devolve ao neurótico o lugar no qual ele se reconhece como criança rejeitada. Se isso causa sofrimento, por outro lado dá ao sujeito um lugar na família, na cena edípica com os pais e o entorno. Por isso é tão difícil fazer o sujeito abandonar o gozo secreto de ser aquele que ninguém acolhe, o(a) coitado(a), o(a) excluído(a), o(a) não amado(a), etc.

É por causa, também, desse gozo incontrolável, movido pela pulsão de morte, que é tão difícil seguir um regime alimentar. Não se trata de indisciplina, má vontade, indolência, etc., do paciente ou analisando. Quando alguém nos fala de todas as suas tentativas infrutíferas de aceitar se submeter a um regime, fala-nos de seu desconhecimento sobre quem nele come, quem tenta devorar nele a demanda de se deixar alimentar.

Porque, para além da consciência, do eu que se reconhece no mundo identificado a certa posição construída ao longo de uma história, há um sujeito, inconsciente, desconhecido, dividido entre o que nele é voto do Outro e o que experimenta como perda de sentido. Suportar essa divisão estranha – o impossível no possível – é uma das definições do termo 'castração'. Esse termo, que numa conversa entre leigos pode causar certa angústia, não diz respeito a uma perda real: refere-se à perda simbólica de uma posição idealizada que o neurótico preserva, a todo custo, em suas identificações, mesmo que esta posição signifique seu sofrimento e sua dor de existir.

O que o neurótico tenta esconder no seu sofrimento, no seu sintoma, é o que neste é, efetivamente, a falha de uma transmissão, o derrisório de sua condição objetificada no amor/ódio que ele quer sustentar, ao preço de nada querer saber sobre seu desejo. Ver-se amado/odiado é infinitamente menos angustiante que aceitar a indiferença, a não-inscrição na subjetividade do Outro.

Aceitar privar-se do excesso como fonte de prazer implica aceitar assujeitar-se aos limites das barganhas afetivas que permitem ao sujeito entrar na cultura e nela encontrar um lugar no qual se reconheça pertencendo a um grupo. Para tal, é necessário aceitar o mandamento: "Aceitas o que lhe dou na hora que determino para receberes o amor que me demandas!"

Porém, como o que se demanda não é o que se encontra, há sempre uma insatisfação que, dependendo da sintomática estabelecida entre o sujeito e o seu Outro, inconsciente, resulta numa fome excessiva ou na falta desta. As duas possibilidades denotam uma perturbação em que aquilo que se diz não é o que se ouve.

A descontinuidade entre o discurso do sujeito e o discurso do Outro possibilita que, na falha desse encontro, algo do desejo do sujeito possa comparecer. O desejo não se confunde com vontade consciente, já que sua estrutura é de perda de sentido; o que o neurótico apreende dessa falha é experimentado como *impotência a ser*. Daí advêm os sentimentos de insuficiência, de baixa autoestima, etc. São nomes que o neurótico formula para o que nele se apresenta de modo selvagem, subvertendo sua vontade e sua compreensão.

Ouvir esses sintomas ligados à pulsão oral, ao que há de mais primitivo no vínculo do sujeito ao Outro, exige de quem escuta o rigor em se abster a fazer julgamentos e/ou subestimar os esforços dos pacientes em se disporem a se tratar. Dessa posição ética frente à dor de existir dos pacientes e analisandos depende todo o tratamento.

7

Pulsão e compulsões

O conceito de pulsão nasce na teoria freudiana da observação do *instinto* vigente em todo animal. Isto é, há em toda espécie viva uma resposta inata, um 'saber' que não requer aprendizado para garantir a reprodução da espécie e a sobrevivência. Assim, a espécie humana difere dos animais porque só o homem possui a margem de liberdade conferida pela condição, que é sua, de assujeitado ao campo da fala e da linguagem. A palavra *sexus* significa 'secção', 'corte', sendo o sexo divisão do sujeito que experimenta o amor e o desejo como distintos. É uma resposta dada pelo sujeito à pulsão, a qual difere do instinto animal exatamente por estar atrelada ao significante. Por isso, é possível dizer, numa relação amorosa, que se tem 'fome' do parceiro ou parceira.

O que move duas pessoas a se relacionarem é a *escolha*, que não obedece a nenhuma necessidade e sim às identificações experimentadas no Édipo, vivido na infância.

Ao contrário do que se imagina, a infância está longe de ser o universo idílico que muitos pensam! Há nela uma luta silenciosa entre a força pulsional livre (força pulsional constante, buscando incessantemente satisfazer-se, o puro 'apetite') e as vias do desejo, sustentadas pela demanda (que se apresenta do lado da 'realização', já que nela está embutido o desejo).

A via da pulsão está relacionada com algo de selvagem no humano, com o que não tem palavras e, por isso, encontra dificuldades para submeter-se à lei do significante, às trocas simbólicas. Há o que entra no processo civilizatório e há o que jamais nele terá entrada, restando como pulsão, quer dizer, energia livre.

Para dar um exemplo, tomemos uma criança pequena que bate no amiguinho ao invés de dizer que não vai devolver o brinquedo disputado pelos dois. Ela assim procede porque não encontra palavras para barganhar com o outro; parte para a ação agressiva, tentando assim preservar o objeto que não quer perder. Ela não sabe por que age desse modo, mas a explicação – simplificada – de sua atitude é o fato de que, ao não ter palavras capazes de fazê-la elaborar um modo de convencer o outro de que ela quer o que lhe falta, cria, nesse lugar, o ato de arrancar o objeto do outro.

Já o desejo, ele só pode se mostrar pela via das demandas, as quais comparecem articuladas na fala e na linguagem. O desejo parte sempre do campo da alteridade – campo inconsciente do Outro. Na história subjetiva de cada sujeito, a marca do desejo se imprime de modo imperativo, assujeitando-o ao que ele desconhece. É daí que emana o sentimento inconsciente de culpa, de dívida impagável para com aqueles que nos antecedem. Dívida de amor que advém da demanda de reconhecimento e que aliena o sujeito nessa via, na qual ele fica impossibilitado de saber o que deseja, porque está aprisionado no desejo do Outro.

Tal modo de aprisionamento não impede que o escoamento da força pulsional encontre meios de realização. Assim, Freud ressalta a adesividade da força pulsional, quer dizer, a fixação no autoerotismo. Esse seria, então, um modo de satisfação que 'exclui' o Outro.

É por isso que o problema das compulsões alimentares pode ser entendido como resposta ao fantasma e não efeito de sintoma.

Para a psicanálise, o sintoma neurótico é uma resposta à falha na transmissão operada pelo Outro, portanto, o inclui: é uma resposta sob a forma de demanda de reconhecimento. Daí um pai ou uma mãe, muitas vezes, reconhecerem nos sintomas dos filhos aquilo que, em suas fantasias, mais temem, ou então o que não compreendem, pois o que está na fantasia dos pais guarda íntima relação com o desejo deles, que, inconscientemente, insiste pelos caminhos da demanda – esta sempre encarnada em certo tipo de discurso.

Toda a dificuldade para entender esse mecanismo de funcionamento, no qual aquilo que mais se teme realiza-se como um assustador vaticínio, deve-se ao que da pulsão não encontra nenhuma palavra que a limite. Sua violência mortífera ultrapassa os marcos da tela na qual o discurso se sustenta, indo inscrever-se diretamente no corpo do sujeito.

As consequências disso podem ser percebidas no que se apresenta como *com-pulsão.* O nome revela que, na raiz do problema está o conceito psicanalítico mais difícil de explicar: a pulsão.

A pulsão, força constante, cujo único objetivo é a satisfação, tem a propriedade de, enquanto energia ligada, poder se transformar em representação, mas, a rigor, ela passa despercebida em sua atuação sobre o corpo e seus órgãos. Ela está na base do funcionamento energético do corpo e a percepção de sua presença só ocorre quando a pessoa se depara com uma compulsão, e se vê com uma manifestação que a angustia.

Portanto, embora de origem diversa do campo do significante, ou seja, apesar de fora do campo das palavras, a pulsão pode nelas encontrar representação, sob a forma de uma dor que acomete o sujeito. E porque a dor pode ser prazerosa, na medida que encontra apoio em fato significante da história do sujeito, a ele se aderindo e fixando, é possível que o que era apenas energia vital erotizando determinado órgão – certa parte do corpo – se transforme em *com-pulsão*, quer dizer, insistência em repetir o mesmo circuito que instaurou, em dado momento, um mecanismo compensatório de prazer original, mesmo que o efeito percebido seja desprazeroso. Como entender isso?

Seria preciso um longo caminho teórico para explicar o mecanismo do prazer desprazeroso, mas, em poucas palavras, pode-se dizer que tudo começa no masoquismo originário, ou seja, no fato de que todo sujeito se constitui a partir de um submetimento ao Outro, condição necessária de advento no campo da fala e da linguagem. A compulsão tem origem na marca, recebida pelo sujeito em sua relação com o Outro, no modo como foi erotizado pelo Outro, assim fazendo sua entrada e/ou inscrição no campo do simbólico. E, mesmo sendo real, essa marca pode guardar uma representação simbólica de 'batismo', digamos. Por isso, aquele que sofre de uma compulsão tem tanta dificuldade de se livrar dela: ela é presença, objeto sem palavras, desde antes que o sujeito pudesse dela dar-se conta.

A compulsão alimentar é uma demanda ao Outro, uma súplica de reconhecimento, ao mesmo tempo que é o marco da presença desse Outro no sujeito. Tal circuito, em que a fonte pulsional retorna sobre o sujeito a partir de uma exterioridade, contorna um oco, um vazio, que é o próprio objeto pulsional, impossível de ser alcançado. Daí a sensação de impotência frente à compulsão, já que não se pode controlá-la apenas com a vontade de 'largar o vício'.

Aqueles que têm um comportamento compulsivo não conseguem vencer o problema senão buscando ajuda. Não é uma questão de falta de vontade, desleixo, vergonha, etc. O comportamento compulsivo é sempre sinal de um sofrimento intenso e desconhecimento da causa subjetiva que é sua origem.

O problema de toda compulsão e, em especial, a alimentar, deve-se à sensação momentânea de prazer, de satisfação que advém do *familiar estranho* nela presente. Funciona como um refúgio peculiar às exigências da vida, às demandas sociais, às responsabilidades civilizatórias. O familiar estranho pode ser entendido como a sensação antiga da presença de um sintoma que, apesar de habitar o sujeito, ele nada sabe da origem e do porquê ele o tem, daí o estranhamento.

A compulsão é o território ilusório de uma liberdade assistida e controlada por um Outro desconhecido, interno ao funcionamento psíquico do indivíduo. Esse que lhe cobra o caro 'pedágio' para seguir sua vida civilizatória e ordenada, e também aquele a quem o sujeito devota, secretamente, o gozo do sintoma – por isso, é tão difícil ficar sem a compulsão.

É comum que os pacientes mudem de uma compulsão para outra, mais aceitável e menos danosa, ao menos aparentemente. A psicanálise é o melhor caminho para se alcançar um modo de lidar com a força selvagem da pulsão, pois oferece a possibilidade de um trabalho de elaboração e, nos melhores dos casos, de invenção de um lugar onde o sujeito pode encontrar outra satisfação, deixar a compulsão sair de cena, o próprio sujeito assumindo sua responsabilidade sobre a cena da fantasia, quando tem lugar seu desejo. Quer dizer, a compulsão só pode acabar quando o sujeito desiste de querer preencher o vazio real, a falta de respostas para o sentido da existência, sempre significada pelos preconceitos, pelas paixões (amor, ódio, ignorância), etc. Por meio das compulsões tenta-se diminuir o sentimento de abandono, desamparo que, a rigor, faz parte da condição humana, desde o nascimento. Aceitar isso e daí tirar a energia para criar e inventar um lugar digno, satisfatório, é a tarefa que cabe a cada um.

Esse é um trabalho penoso, árduo caminho de aceitar perder ilusões e descobrir que cada um está sozinho com suas escolhas. Não há a quem responsabilizar pelos próprios fracassos. Somos solitários solidários, cada um com sua tarefa de construir uma ficção que ajude a seguir em frente dando um sentido à vida.

8

Alguns exemplos da clínica

Ao decidir incluir esta seção no livro, pretendi mostrar um pouco do manejo transferencial, na direção do tratamento; o que nada tem a ver com técnicas interpretativas ou condutas preestabelecidas. Na verdade, achei muito importante abrir um espaço para que alguns dos exemplos de analisandos em atendimento pudessem, por meio dos recortes de algumas das sessões de análise, mostrar o problema que se avizinha em nossa contemporaneidade.

Como já foi dito aqui, a questão que se coloca não diz respeito apenas à sintomática particular de cada caso, que, evidentemente, deve ser considerada com cuidado para que se possa falar de trabalho psicanalítico e direção de tratamento. Achei relevante mostrar o conflito entre as exigências subjetivas decorrentes da posição singular de cada sujeito em sua história e as exigências culturais e sociais que idealizam modelos, quando as diferenças têm poucas chances de serem acolhidas.

As falas e conversas aqui reproduzidas são os restos que minha memória pôde recolher da experiência de escuta, tendo, portanto, a marca sintomática do que julguei importante privilegiar para uma possível transmissão.

Os nomes e as situações clínicas foram modificados e misturados para que nenhum analisando pudesse sentir-se particularmente exposto.

Os casos clínicos são "o meu caso", quer dizer, a costura de diversas situações, com a intenção expressa de deixar em evidência alguns aspectos discursivos da clínica no universo temporal de uma práxis.

CASO 1: "NÃO COMER PARA EXISTIR"

Luana é uma linda jovem que me chega ao consultório apática e silenciosa, com os olhos baixos e o semblante entristecido. Tem de 15 para 16 anos, nunca namorou ou mesmo se interessou por alguém; são pouquíssimos os amigos.

O motivo de suas entrevistas não se apresentou da primeira vez, apesar de perceber a peculiaridade com que, em seu discurso econômico, deixou claro que estava apenas atendendo à insistência de sua mãe em fazê-la vir falar a uma psicanalista.

As sessões seguintes desenrolaram-se em encontros silenciosos, somente quebrados por expressões de descontentamento e interjeições da jovem, mostrando que estava em apuros para falar. Até que, numa sessão, ela observou o título de um livro sobre minha mesa e comentou: "*Uma temporada com Lacan*... que título?! Acho que eu também preciso de uma, mas não sei como começar." E eu respondi: "Você já começou."

A partir dessa sessão, Luana foi, aos poucos, esclarecendo para ela mesma que havia uma razão para sua vinda, bem além da demanda de sua mãe. E esse motivo, tão presente em seu corpo muito magro, sem formas, quase infantil, foi adquirindo consistência e preenchendo sua fala com um discurso surpreendente.

Ela discorreu sobre seu sentimento de solidão, apesar de os pais e a irmã serem, aparentemente, segundo ela, "gente boa". Luana, contudo, não se via fazendo parte daquela família. Por ser a primeira filha, com uma diferença de dois anos para a irmã mais nova, achava-se no compromisso de dar o exemplo para a caçula e, pior ainda, de cuidar dela!

No entanto, o que mais a deixava angustiada era ter a impressão de que sua mãe só queria controlá-la. Esta havia desistido da profissão, quando do nascimento da caçula, e dedicava todo o tempo aos cuidados com a família e a casa. Mas minha jovem analisanda dizia que a mãe olhava tudo dela, desde sempre: a mochila da escola, seu armário, suas conversas telefônicas e... sua alimentação! Desde que se lembra, a mãe mostrava uma preocupação grande com a alimentação da família... para Luana, porém, o pior era a vigilância que exercia sobre ela, insistindo para que comesse melhor, se não comesse iria adoecer etc.

A jovem queixou-se, também, de ter a impressão de que a mãe a vigiava o tempo todo, até quando dormia. Só por volta dos 11 anos, e aos poucos, começou a se preocupar com o peso e a restringir, não apenas certos alimentos, como certos modos de preparo dos mesmos. Passou a se ver gorda, apesar de todos dizerem que estava ótima.

Na escola, era a melhor aluna da turma, mas tinha dificuldade para fazer amizades – apenas duas colegas eram mais próximas.

Como sempre fora uma menina disciplinada, dócil e com bom desempenho escolar, ninguém da família percebia que algo não ia bem, até que, a olhos vistos, começou a emagrecer e a recusar sentar à mesa com seus familiares.

Todo o desenrolar de suas sessões girava em torno do profundo sentimento de solidão e vazio que, reiteradamente, me relatava.

Luana era anoréxica. Porém, de que anorexia se tratava? O que recusava no alimento?

Foram dois anos de trabalho intenso, até poder dizer, com clareza, que não comer era um modo de mostrar a ela mesma que não precisava engolir todas as demandas da família, que recusar o alimento era uma estratégia para barrar as investidas maternas e poder exercer, pelo menos sobre o próprio corpo, algum domínio. Não comer era cavar no corpo o vazio de que necessitava para preservar algo de seu desejo; queria "esvaziar o corpo de toda a sujeira" das barganhas familiares.

Encontrar na vida uma razão pela qual valesse a pena manter-se viva foi uma lenta elaboração, durante a qual reaprendeu a alimentar-se não apenas de comida, mas de seus projetos, de amigos e de uma escolha profissional: nutricionista!

CASO 2: "COMER E VOMITAR O QUE NÃO SE PODE DIZER"

Priscila chega ao consultório trazida pelos pais. É uma moça de 20 anos, um pouco gordinha, mas sem nada que justificasse uma preocupação com o peso. Ela não usava decotes, não ia à praia, vestia camisetas sempre largas e calças jeans, tudo para esconder "um corpo saco de batatas" como costumava se autorretratar.

Ao longo das entrevistas, Priscila foi deixando escapar certos procedimentos que mostravam claramente seu sofrimento, além dos mesmos a colocarem em risco. Contou que costumava tomar um ônibus qualquer e nele vagar pela cidade, sem rumo, ouvindo música em seu iPod. Depois, saltava no ponto final e, ainda com os fones no ouvido, atravessava as ruas, distraída.

Ao chamar os pais para conversar e expor-lhes a gravidade da situação, escutei da mãe, muito séria e compenetrada, que a filha havia feito um grande buraco na parede de seu quarto e o havia pintado de preto. Escuto, também, que o casal possuía uma geladeira trancada no quarto deles, na qual guardavam o que não queriam que a moça devorasse durante a ausência deles. Sim, porque ela ficava a maior parte do tempo sozinha, já que (também) trancara a matrícula na faculdade, e eles saíam de casa para trabalhar.

Era impressionante a agressividade velada no discurso da mãe de Priscila. O pai, também tinha, visivelmente, dificuldades para aceitar a filha que comia demais, vomitava demais e não conseguia sustentar uma relação razoável nem com a família, nem com os amigos, nem com os estudos.

Para o pai da moça, ela era um "caso perdido" e duvidava que uma psicanálise pudesse ajudá-la. Eles não percebiam que Priscila corria risco de vida, que se colocava em situação perigosa, não apenas com os vômitos repetidos depois das sessões de devoração, mas, sobretudo, por conta da sua errância, que incluía noitadas de bebedeira, quando ela perdia a consciência e muitas vezes acordava em lugares estranhos acompanhada de homens que não conhecia.

Foi longo o trabalho com essa jovem, até que ela pudesse retomar a faculdade, os relacionamentos estáveis e, sobretudo, até que ela pudesse encontrar na psicanálise um meio de dizer o que a angustiava.

Sete anos depois, Priscila ainda apresentava muitas questões. Contudo, já não precisava mais vomitar ou se colocar em perigo. Ela havia encontrado em sua história um modo de tirar dela os elementos que passaram a compor, em suas fotografias artísticas, a cena que era preciso esquecer. Assim, congelado e enquadrado fora dela, o sentimento de desamparo e medo deixou de existir.

Ela, hoje, fotografa o que chama de "natureza morta", isto é, cenários para propagandas e marketing de carros e apartamentos para venda. Cenários que vieram povoar o "buraco negro" da antiga parede de seu quarto.

CASO 3: "ESSE NÃO É MEU CORPO!"

Duda era uma moça acima do peso, porém muito erotizada em sua maneira de vestir e falar. Dizia que nunca tinha tido problemas para namorar. Os rapazes que mais a interessavam eram aqueles que "não se importavam com sua gordura". Procurou-me porque, embora sempre acompanhada, sentia-se profundamente sozinha, sentimento que a perseguia desde muito pequena.

Tinha um irmão mais novo e uma irmã, com quem brigava frequentemente e de quem confessou ter inveja, por ser magra e bonita. Não que se achasse feia, mas aquele corpo não era seu! Portanto, era injusto a caçula poder namorar quem escolhia e ela, já com 23 anos, só conseguir rapazes feios, franzinos, que não pareciam desejá-la senão pelo fato de ter todo aquele volume! Não adiantava que eles elogiassem seu lindo rosto, seu cabelo, sua inteligência, pois ela percebia o fato de os namorados não se referirem a seu corpo – segundo ela, "completamente disforme".

E não conseguia emagrecer!

Adorava toda *junk food* à sua volta e odiava legumes e saladas, comida básica do resto da família, sobretudo da mãe e da irmã. Estas eram muito companheiras uma da outra, faziam ginástica juntas, saíam para comprar roupas – e as emprestavam uma para a outra. Duda ficava excluída da programação, principalmente da cumplicidade que as duas dividiam. Quanto mais se via sem lugar, mais comia, sobretudo chocolate, mesmo os ruins...

Havia, no entanto, outra compensação para seu sofrimento: o pai, de quem havia recebido o nome na forma feminina, e que também era gordo, adorava essa filha e a tinha na mais alta consideração! Apaixonada pelo pai, tinha escolhido o mesmo segmento profissional que ele e estava progredindo bastante. Então, no trabalho, ela era muito competente e reconhecida. Mas aquele corpo...

O trabalho psicanalítico avançava com lentidão, porque, exuberante como era, falava muito... e não do que lhe causava sofrimento, de fato. Assim, foi preciso esperar até que seu discurso começasse a mudar, e o vazio e a solidão que sentia pudessem, realmente, comparecer na fala. Só então, Duda trouxe um episódio de infância que se repetia com certa frequência: tratava-se de uma cena familiar em que todos estavam sentados à mesa, quando os pais começavam a discutir. Ela não sabia explicar por que, mas nessas ocasiões sentia-se muito triste e culpada pela briga dos pais. Não conseguia comer e, depois, ficava com muita fome, indo procurar qualquer guloseima na cozinha e a devorava sem nem mesmo sentir o gosto. Não sabia qual a relação dessa lembrança com sua dificuldade em comer de modo saudável, em renunciar à *junk food,* porém admitia: "tem gato nesse telhado"...

Aos poucos, foi dizendo que talvez se sentisse culpada naquelas ocasiões porque, no fundo, tinha prazer em ver os pais brigarem. E fez a seguinte associação: "Quando ele falava ríspido com minha mãe era como se ele a reprovasse não apenas pelo que o havia desagradado, mas como se ele estivesse brigando por ela não me dar a atenção que eu precisava, por ela ter me abandonado!"

Depois disso, Duda foi se dando conta de um lugar onde se via demandante do amor da mãe. O apelo ao Outro, presente no sintoma de um gosto alimentar infantil e sem limites, buscava sinais de um reconhecimento que parecia não haver.

O trabalho psicanalítico continuou por alguns anos, durante os quais ocorreram muitas mudanças de posição subjetiva, não só porque essa jovem pôde encontrar um namorado que gostava de fato dela, mas porque sua relação com a mãe e a família foi sendo modificada. Seu corpo também mudou, pois Duda conseguiu emagrecer e, o mais difícil, manter-se magra!

A maior mudança, no entanto, aconteceu em seu discurso. Aquela jovem queixosa e reivindicadora deu lugar a uma mulher interessada em causas humanitárias, extremamente dedicada ao trabalho.

CASO 4: "COMER NADA"

Lina era uma moça franzina de 17 anos, que chegou trazida pela mãe. Segundo esta, a jovem vinha emagrecendo, cada vez restringindo mais os alimentos e seu modo de preparo a ponto de, ultimamente, só querer comer o que ela mesma cozinhava. A mãe mencionou o fato de o marido ter se divorciado dela e morar em outro país, onde se casou novamente, e raras vezes vinha ver a filha. Assim, Lina vivia com a mãe, uma profissional bem-sucedida e que trabalhava o dia todo.

A jovem era excelente aluna, um pouco tímida, mas assim mesmo tinha um grupo de amigos com quem saía com frequência. Só que, em função de sua alimentação restrita, suas saídas vinham rareando. A mãe, muito preocupada, disse que não sabia mais o que comprar, pois todo alimento oferecido era recusado pela filha.

Logo no início, estabeleceu-se um trato silencioso entre mim e Lina: ela concordaria em falar, desde que eu nada lhe perguntasse sobre sua alimentação – acordo que me pareceu não apenas justo, mas prudente. Assim, as sessões foram transcorrendo... porém, qual era a questão? O que levava uma moça inteligente e bonita a perder completamente o prazer de comer e, com isso, a alegria de estar com as pessoas em torno de uma mesa?

Foi longo o tempo para que a análise de Lina pudesse extrair de seu discurso uma palavra fundamental: *nada*. Lina contou que, numa das visitas do pai, este afirmara: "Sua mãe não significa nada na minha vida!"

Lina come esse *nada*, com o qual se identifica, na medida em que não pode suportar que sua existência não signifique o produto do que foi o amor de seu pai pela sua mãe. "A vida só vale a pena quando é possível encontrar na sua história coisas boas para lembrar nos momentos difíceis. Eu não tenho isso! A sensação é de um enorme vazio, um buraco negro!"

A desolação de Lina era imensa e ela pouco conseguia avançar no trabalho de elaboração. Nas sessões, comparecia o vazio de que se queixava, não adiantando nenhum movimento de incentivo à fala. A anorexia tomava a cena do discurso e, por isso, as sessões foram encurtando cada vez mais.

Um dia, surpreendentemente, ela começou a gritar, dizendo que não era possível fazer análise daquele jeito! Que não queria ir embora com tão pouco tempo de sessão, que eu a estava abandonando, tal qual seu pai, etc.

Foi só a partir desse acontecimento que sua análise efetivamente pôde começar.

Lina não está mais em análise faz algum tempo, mas tenho notícias dela. Ficou noiva e terminou a faculdade de... nutrição!

Teresa Palazzo Nazar

REFERÊNCIAS E BIBLIOGRAFIA

AGAMBEN, G. *Nudez*. Lisboa: Relógio D'Água Editores, 2010.

BIDAUD, Eric. *Anorexia mental, ascese mística*. Rio de Janeiro: Companhia de Freud, 1998.

BRUCH, Hilde. *Eating Disorders*. USA: Basic Books, 1973.

______. *The Golden Cage*. USA: Harvard University Press, 2001.

COLLETTE, Soler. *Los afectos lacanianos*. Buenos Aires: Letra Viva, 2011.

FREUD, S. *Três ensaios sobre a teoria da sexualidade e outros trabalhos*. In: *Edição standard brasileira das obras psicológicas de Sigmund Freud*. Rio de Janeiro: Zahar, 2006.

LACAN, J. "A significação do falo". In: *Escritos*. Rio de Janeiro: Jorge Zahar, 1998.

______. *Seminário 20: Mais, ainda*. Rio de Janeiro: Jorge Zahar, 1972.

______. O estado do espelho como formação da função do eu. In: *Escritos*. Rio de Janeiro: Jorge Zahar, 1998.

RIGAUD, Daniel. *Anorexie, boulimie et compulsions*. Paris: Marabant, 2003.

SCHAUSSER, Barbara. *La boulimie*. Bruxelas: De Boeck, 2002.

STRONG, Roy. *Banquete*. Rio de Janeiro: Zahar, 2004.

Uma visão dos transtornos alimentares pela Medicina Tradicional Chinesa (MTC)

Álcio Luiz Gomes

A anorexia nervosa (AN) tem como característica o fato de o indivíduo se recusar a manter um peso corporal na faixa normal mínima, possuir um temor intenso de engordar e apresentar uma perturbação na percepção da forma e tamanho do corpo. Obsessividade, perfeccionismo, passividade e introversão são comuns em pacientes com anorexia e é comum o estabelecimento de uma correlação entre esta e os transtornos de personalidade obsessivo-compulsiva (AAP, 2003).

Além do peso corporal abaixo de um nível normal mínimo para a idade e altura, o indivíduo apresenta um medo intenso de engordar, em geral aliviado pela perda de peso. Como terceiro critério, evidencia-se uma alteração na percepção da sua massa corporal, quando a pessoa vivencia de forma distorcida sua condição de baixo peso ou, se percebe o baixo peso, considera certas áreas corporais como gordas.

Já a Bulimia Nervosa (BN) é caracterizada essencialmente por episódios de hiperfagia e métodos compensatórios inadequados para evitar o ganho de peso. A autoavaliação dos indivíduos com BN é excessivamente influenciada pela forma e pelo peso do corpo.

O paciente com BN tem características diferentes daqueles com anorexia, sobressaindo-se a sociabilidade, o comportamento gregário, de risco e a impulsividade (MORGAN, 2002, p. 18-23). Tais características estão mais de acordo com o perfil patológico da doença que é o descontrole alimentar, notadamente a hiperfagia, e métodos inadequados de evitar o ganho de peso. Estes métodos incluem a vomificação, purgação, abuso de medicamentos e recurso a práticas de gasto calórico.

A crise bulímica quase sempre faz com que o indivíduo se sinta desconfortável, ou mesmo dolorosamente repleto. Essa crise costuma ser desencadeada por estados de humor disfórico, estressores interpessoais, intensa fome após restrição por dieta ou sentimentos relacionados a peso, forma corporal e alimentos. A crise bulímica pode reduzir temporariamente a disforia, mas autocríticas e humor deprimido com frequência ocorrem logo após (AAP, 2003).

Em geral, os bulímicos estão dentro da faixa de peso normal ou um pouco abaixo ou acima dela. Pode haver maior ocorrência de sintomas de ansiedade e um terço dos indivíduos com BN incorre em abuso ou dependência de substâncias, em particular as que envolvem álcool e estimulantes. "Um episódio bulímico também é acompanhado de um sentimento de falta de controle. O indivíduo pode estar em um estado frenético enquanto leva a efeito a compulsão" (AAP, 2003).

Em que pese os fatores sociais e culturais, como o papel da mídia influenciando comportamentos (SAILAKI *et al.*, 2004, p. 164-166), nos cabe aqui tentar estabelecer condições predisponentes para o desenvolvimento desses transtornos.

Como veremos a seguir, essas patologias encontram uma forma muito particular de compreensão sob a ótica da Medicina Tradicional Chinesa. Será necessário apresentar alguns conceitos próprios dessa ciência para melhor entendimento. Vamos poder então analisar essas patologias e ver que estão intimamente relacionadas aos Movimentos Terra e Metal, diferindo, entretanto, em sua motivação inicial e processo fisiopatológico, o que se manifestará na apresentação final de cada uma dessas condições.

A medicina chinesa tem como um dos seus pilares a teoria dos *Cinco Movimentos (Wu Xing)*. Ela expressa forças, cinco caminhos ou modalidades presentes nos sistemas complexos, com características básicas que identificam manifestações físicas e psíquicas no ser humano e outras manifestações da natureza. E sobre ela se aplicam leis que regem a interação entre os movimentos. Como resultado, em última instância, a regulação dinâmica do organismo como um todo.

São denominados, de maneira simplificada, como: Madeira, Fogo, Terra, Metal e Água. As características de cada uma dessas forças podem ser identificadas em manifestações fisiológicas e patológicas.

Desse modo, agrupam-se sob cada uma das expressões dos Cinco Movimentos órgãos e vísceras, tecidos corporais, órgãos sensoriais, sentimentos, emoções e expressões psíquicas ou anímicas.

Síndromes clínicas que envolvem órgãos, vísceras e canais de acupuntura são por sua vez descritas como reflexo do desequilíbrio de cada um desses Movimentos, seja de modo simples ou combinando mais de um Movimento. É importante ressaltar que além do aspecto meramente funcional dos Movimentos, eles apresentam também uma influência grande na composição e configuração do indivíduo, na sua tipificação biológica, temperamental e relações psicossomáticas (REQUENA, 1980, p. 83-90). Essa concepção faz com que se reconheça a carga e importância dos Movimentos na composição da personalidade, na estrutura psíquica e do campo físico. Isso certamente justifica as correlações existentes entre a relação familiar e a propensão para o desenvolvimento de determinadas síndromes e patologias.

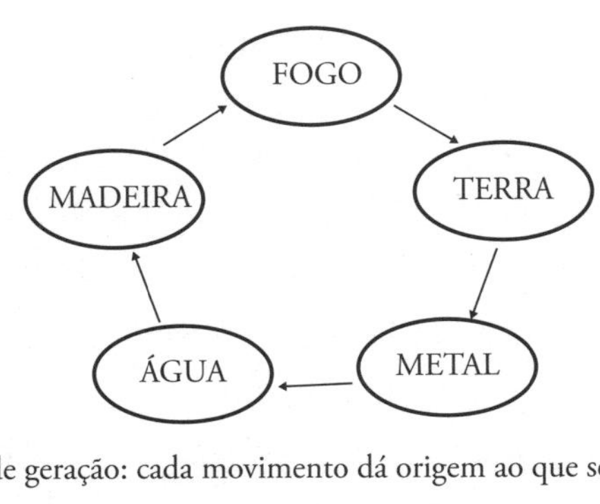

Figura 1. Ciclo Sheng de geração: cada movimento dá origem ao que se segue (Fonte: GOMES, 2004).

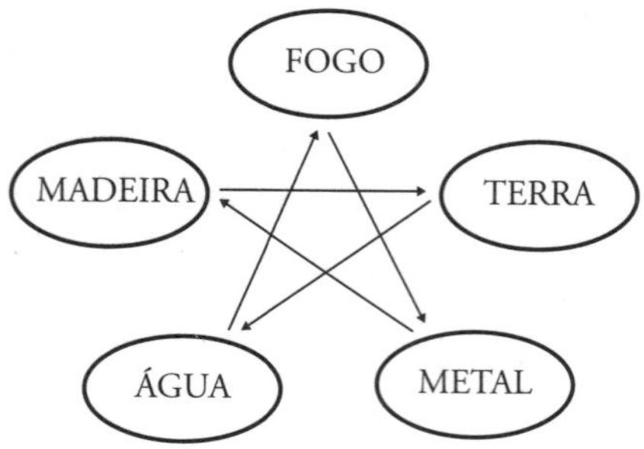

Figura 2. Ciclo Ke de dominância: dada movimento restringe o que se segue à sua frente (Fonte: GOMES, 2004).

Nesse conjunto, o **Movimento Terra** tem posição central, intermediadora dos processos, coordenadora primeira das funções, articuladora entre os demais órgãos e vísceras, com papel regulador dentro do sistema, promovendo, absorvendo e equilibrando. O Movimento Terra está relacionado a órgãos (entre os quais o Estômago e o Baço-pâncreas), tecidos e funções do organismo, com papel central na digestão dos alimentos, seu transporte e distribuição desde a boca até as células.

Sob sua influência estão incluídas, a boca, o apetite (tributário da necessidade de alimentar do organismo), a matriz intersticial (que permeia todos os órgãos e por onde circulam os nutrientes entre as células e o sangue), o tecido gorduroso (de armazenamento energético), o sistema linfático (de drenagem), as funções de reflexão, imaginação, ideação e capacidade de abstração que são funções do Yi, o aspecto imaterial do Movimento, uma das cinco "forças espirituais" que no conjunto é chamada Shen, ou Espírito.

O bom desenvolvimento e funcionamento do Movimento Terra no indivíduo determina e favorece que ele tenha a função 'apetite' normal, boa capacidade digestiva, funções de distribuição alimentar e drenagem eficientes, massa tecidual e de reserva energética apropriada, bem como sagacidade, imaginação e inteligência emocional. Do ponto de vista da personalidade, corresponde à sua sociabilidade e ao aspecto gregário. Dota o indivíduo de capacidade negociadora, articuladora, promotora, o que requer habilidade tanto de compreensão quanto de imaginação para o desempenho dessas funções.

Eyssalet (1990. p. 490) interpreta um trecho do capítulo 2 do *Tratado da Flor de Ouro*, clássico taoísta, que diz: "Em geral, os seres humanos engendram seus corpos com suas intenções – suas ideias" (em chinês, *Fan Ren Yi Yi Sheng Shen*). E, em resumo, conclui que a ideia registra as intenções transmitidas por palavras e formas a serem emitidas para transformar o pensamento em palavras e formas imaginárias ou concretamente manifestadas, começando com as formas do corpo e do rosto.

O texto afirma a importância do Yi, o "espírito ou alma" do Movimento Terra, do Baço-pâncreas e dos demais órgãos, tecidos e sentidos ligados a esse movimento na configuração da imagem física.

O **Movimento Metal** corresponde à tomada de forma. Todo movimento de dar forma ao organismo, delimitar o espaço do ser e conteúdo, incorporar matéria para a manutenção da independência do ser e a busca do essencial se compatibiliza com a ideia desse Movimento. Dentre os órgãos, vísceras e demais funções, relacionamos o Pulmão (responsável pela captação do ar inspirado), o Intestino Grosso, a pele, o nariz e o olfato). Os chineses afirmam que o Movimento se associa ao *Po*, Espírito ou Alma Vegetativa (também Alma Corpórea), que dá forma e materialidade ao ser humano e que, como força ou Shen, está relacionada à preservação e à individualização. Pode-se relacionar a ele a capacidade de restrição, organização, gerenciamento dos recursos e retenção dos mesmos. "O *Po* está relacionado com o conjunto de mecanismos da gestação e a relação maternal" (EYSSALET, 1988, p. 261).

Podemos dizer que a corporificação do ser, a preservação da identidade corporal e a individualidade encontram sua força e expressão em *Po*. Não por acaso, a pele que dá forma e feição ao ser é o tecido corporal relacionado ao Movimento. Assim como o Intestino Grosso que retém temporariamente e dá forma às fezes. Esse "instinto" de preservação tem a ver com a economia energética e sua plenitude com a capacidade de adequar assimilação e dispêndio (organização e contenção de gastos). O *Po* tem uma natureza Yin, passivo.[4]

---

4 O Yin é um princípio antagônico do Yang – embora complementar – e tem como qualidades ser obscuro, receptivo, material, imóvel, frio, passivo.

Os Movimentos, e consequentemente os órgãos, vísceras, tecidos e funções a eles relacionados, podem apresentar desequilíbrios (quando identificamos as patologias) relacionados a um estado de Excesso ou Insuficiência.

Sendo assim, podemos dizer que o indivíduo bulímico apresenta um Excesso do Movimento Metal associado ao Excesso ou à Insuficiência do Movimento Terra. O anorético apresenta uma Insuficiência do Movimento Metal inicialmente com um Movimento Terra normal, que poderá evoluir para a Insuficiência.

ANOREXIA E BULIMIA SOB A ÓTICA DA MTC

Analisaremos a seguir as duas condições clínicas com o instrumental da MTC e as referências bibliográficas antigas a esse respeito.

O bulímico é um indivíduo ansioso e compulsivo, levado a episódios de hiperfagia de curta duração. Do ponto de vista da MTC, ele apresenta uma alteração de Excesso do Movimento Metal, sobretudo no seu aspecto *Po*, resultando em avidez (voracidade, sofreguidão, cobiça, ansiedade) que se manifesta por pulsos e avança sobre o Movimento Terra na forma de um apetite incomensurável que "frequentemente prossegue até que o indivíduo se sinta desconfortável ou mesmo dolorosamente repleto" (AAP, 2003). Esse apetite exacerbado diz respeito à função do Estômago, local em que vai se manifestar a sintomatologia: "Excesso do Calor Yang no Estômago ativa a eliminação dos alimentos e suscita a sensação de fome. Em casos graves pode incitar a cantar em lugares elevados, tirar as roupas e a correr em todas as direções" (LING SHU, 1995, p. 139).

A referência a esse texto antigo assinala a importância do Estômago em despertar o apetite, mas também sua correlação com alterações do humor do tipo disfórico e até maníaco, que podem estar presentes nos episódios em estudo.

Pode fazer parte do quadro da bulimia nervosa um estado depressivo, com ruminações cognitivas de que fala Morgan *et al.* (2002). Tal condição estaria associada à presença da Fleuma, considerado fator patogênico pela MTC.

A deficiência do Baço-pâncreas (Terra) e a consequente incapacidade de promover a circulação e eliminação (transporte e transformação) (AUTEROCHE, 1984, p. 248) são condições associadas à formação da Fleuma.[5] Esta pode se apresentar por meio de sinais e sintomas como náuseas, vômitos aquosos, cansaço, sensação de peso, membros fracos, letargia, embotamento mental e quadros depressivos. Essa deficiência pode ser resultado da alimentação desregrada ou em excesso, alimentos frios e excesso de pensamentos (MACIOCIA, 1996, p. 317).

O medo, ar pensativo e melancolia são condições que afetam tanto o Pulmão (Metal) quanto o Baço (Terra), levando com frequência à formação da Fleuma que enévoa a mente. As principais manifestações serão a confusão mental, a pouca memória e capacidade de concentração, depressão, um estado recorrente de lamentação e falta de clareza mental (MACIOCIA, 1994, p. 240-241).

Consequentemente, o paciente com bulimia está sujeito a ter esse desenvolvimento. Neste transtorno alimentar também há conflito no que diz respeito à aceitação da forma corporal, diferente do que ocorre na anorexia e que pode não estar presente no paciente obeso – pois este come em excesso todo o tempo e não recorre aos artifícios do bulímico para evitar a assimilação dos alimentos.

Na bulimia, em geral, o desconforto com a forma corporal, apesar de levar aos mecanismos de eliminação e gasto, não contribuem para a alteração importante de perda de peso. Os mecanismos de vomificação e purgação podem ser entendidos como de compensação ao Excesso verificado ou sentido como tal. O indivíduo age com avidez e reage a ela se desfazendo do seu resultado.

Na anorexia nervosa, ao contrário, encontramos uma Insuficiência do Movimento Metal e da função do *Po*. Nesse caso, "o sujeito é abstraído do real" (REQUENA, 1980, p. 348). Podemos extrair daí a explicação para o critério C de diagnóstico desse transtorno, ou seja, "perturbação no modo de vivenciar o peso ou a forma do corpo, influência indevida

---

[5] É chamada Fleuma o que os chineses denominam *Tanyin*. Está relacionada aos líquidos corporais e à formação das mucosidades. Além das mucosidades substanciosas, há as não substanciosas, cuja presença se apreende dos sinais e sintomas que provocam.

do peso ou da forma do corpo sobre a autoavaliação, ou negação do baixo peso corporal atual" (AAP, 2003). Embora na bulimia haja uma alteração da autoimagem influenciada pela forma do corpo, na anorexia a percepção alterada da realidade corporal – o baixo peso – tem uma importância maior que só poderia ser entendida como uma reação ao movimento de individualização e preservação relacionada ao *Po*.

Poderíamos pensar: seria a anorexia um desejo de desencarnar? Os dados referentes à mortalidade da anorexia apontam piores indicadores, seja para a morte por complicação da anorexia como por suicídio (PINZON & NOGUEIRA, 2004, p. 158-160).

O sentimento associado ao Movimento do Metal é a tristeza.

Ao contrário da natureza de permeabilidade, onipresença e sujeição funcional ao sistema dado pelo Movimento Terra, o aspecto Metal em desequilíbrio (Insuficiência) pode determinar o desinteresse pela vida e um comportamento suicida.

Como afirma Salvador Busse (2004. p. 35-36), "não há nas fases iniciais da anorexia perda de apetite, apenas a luta titânica contra esse". O que parece configurar um distúrbio fundamentalmente do Movimento Metal no que se refere à natureza sutil do *Po*. O apetite, função do Movimento Terra, está preservado e precisa ser sufocado no intento de emagrecer (não realizar os desígnios do "Espírito" de *Po*). O Movimento articulador (Terra) encontra-se reprimido[6] pela Insuficiência do *Po.*

Nota ainda Busse que em geral há apetite caprichoso e seletivo por alguns alimentos, o que pode mesmo ser associado ao caráter excessivamente econômico que o desequilíbrio do Movimento Metal confere.

A característica de excessivo escrúpulo que a dominação do Movimento Metal ocasiona pode ainda ser verificada no comportamento que inclui, segundo o DSM-IV, "a preocupação com o comer em público, pensamento inflexível, espontaneidade social limitada, iniciativa e expressão emocionais demasiadamente refreadas" (p. 557).

---

[6] Na MTC, diz-se que o filho suga a energia da mãe. No ciclo dos Cinco Movimentos, o Metal sucede a Terra, de modo que a insuficiência do Metal suga e exauri a Terra. Aqui, escolhemos usar o termo 'reprimir' nesse sentido.

Com o tempo, os indivíduos podem atingir a condição de anulação do apetite (o que configuraria o esgotamento do Movimento Terra e funções do Baço-pâncreas e Estômago), de maior gravidade. Nesses casos, há diminuição da capacidade de digestão e da drenagem linfática, o embotamento e lentidão do pensamento e da imaginação, a falta de atenção e pensamentos repetitivos.

Nesse caso, é importante lembrar o significado de *Po* como o de influência na constituição do embrião e a estreita relação maternal que representa.

MOVIMENTOS E TRANSTORNOS ALIMENTARES

São esses dois Movimentos os principais implicados na patologia dos transtornos alimentares.

A representação simbólica do Movimento Metal sendo a forma e a corporificação, podemos perceber a existência do conflito tanto no indivíduo com bulimia quanto naquele com anorexia, com diferentes estímulos básicos e desenvolvimento fisiopatológico.

A interação entre esses dois Movimentos (Terra e Metal) é que permite de modo hábil a manutenção da estrutura corporal no que diz respeito à assimilação de nutrientes (alimentares, afetivos, sociais) e a incorporação dos mesmos à estrutura (corpo e alma) do indivíduo.

As relações com o ingerir (boca, digestão) e o eliminar as fezes (intestino grosso) estão também relacionados ao desenvolvimento da criança, as fases oral e anal, bem como a fixação nelas e os desvios patológicos, decorrentes do Excesso desses Movimentos.

OS OUTROS TRÊS MOVIMENTOS

Falamos aqui dos dois Movimentos (Terra e Metal) principais implicados nos Transtornos Alimentares em detrimento de outras expressões do "Espírito/Shen" para dar conta dos dois temas principais. Entretanto, aos demais Movimentos – Água, Madeira e Fogo – correspondem expressões anímicas que são o Zhi (vontade), o Hun (alma etérea) e o Shen propriamente dito, respectivamente.

Como peças de um sistema, eles se articulam entre si e não podem, claro, ser apreciados em separado se não para efeito didático. A estrutura da teoria dos Cinco Movimentos oferece um entendimento mais amplo das relações estabelecidas entre si pelos componentes do sistema.

ABORDAGEM TERAPÊUTICA

A medicina chinesa não efetua a separação entre as alterações no campo físico e mental como entidades distintas. Os processos que acometem o Movimento são expressos em síndromes clínicas (em geral atribuídas ao órgão ou à víscera relacionada ao Movimento) que se manifestam tanto por sintomas e sinais na esfera física e psíquica quanto pela disfunção (ressonância) sobre os canais de acupuntura.

Esses são o fator integrador, uma verdadeira malha de circulação energética que possui pontos (que podemos entender como fenestrações da capa cutânea isolante) que tanto podem ser local de manifestação das disfunções (dor, eritema, parestesia, etc.) quanto sítios propícios à estimulação e à regulação do sistema (acupuntura, acupressura, moxabustão, etc.).

Com base na medicina tradicional chinesa, teríamos que focar nossa atenção, sobretudo, nesses dois Movimentos para o tratamento dos transtornos alimentares.

REFERÊNCIAS

ASSOCIAÇÃO AMERICANA DE PSIQUIATRIA (AAP). *Manual Diagnóstico e Estatístico de Transtornos Mentais. DSM-IV-TR.* 4 ed. Porto Alegre: Artmed, 2003.

AUTEROCHE B. & Navailh P. *Le diagnostic em Médicine Chinoise.* Paris: Maloine, 1984.

BUSSE, S. *Anorexia, bulimia e obesidade*. Rio de janeiro: Manole, 2004.

EYSSALET JM. *Le Secret de La Maison des Ancêtres*. Paris: Guy Trédaniel Éditeur, 1990.

______. *Lês Cinc Chemins du Clair & de L'obscur*. Paris: Guy Trédaniel Éditeur, 1988.

GOMES, AL. Sete vezes mulher. Rio de Janeiro: Rosa dos Tempos, 1996.

LING SHU. *Base da acupuntura tradicional chinesa*. São Paulo: Andrei, 1995.

MACIOCIA G. *Os fundamentos da medicina chinesa*. Rio de Janeiro: Roca, 1996.

MACIOCIA G. *The practice of Chinese Medicine*. Nova York: Churchill Livingstone, 1994.

MORGAN, CM *et al.* Etiologia dos transtornos alimentares: aspectos biológicos, psicológicos e socioculturais. *Rev. Bras. Psiquiatr*. 2002; 24 (supl III).

PINZON, V. & NOGUEIRA, FC. Epidemiologia, curso e evolução dos transtornos alimentares. *Ver. Psiq.Cli.* 2004. 31 (4); 158-160.

REQUENA Y. *Terrains et pathologie en acupuncture*. Paris: Maloine, 1980.

SAILAKI CJ, SOUBHIA CS, SCALFARO BM, CORDÁS TA. Imagem corporal nos transtornos alimentares. *Rev Psiq Clin*, 2004, 31 (4); 164-166.

Um parecer da nutrologia

Emilia Veron

Vamos analisar, do ponto de vista da nutrologia, casos retirados de nossa clínica.
Ângela, 54 anos, divorciada, um casal de filhos e três netos, empresária, IMC (índice de massa corporal) 24,80. Exercita-se diariamente por duas horas. Durante o dia, enquanto ocupada, cumpre uma dieta radical. Quando chega a casa após o trabalho, come tudo o que aparece pela frente. Quer perder peso e não consegue. Sente-se infeliz por não usar o mesmo manequim dos 20 anos.

Como nutrólogos, podemos falar com propriedade sobre a 'fome'. Por trabalharmos com dietas, principalmente para emagrecimento, nossa escuta permite algumas considerações.

Quase todos os pacientes que procuram ajuda para emagrecer estão insatisfeitos com seu peso, ou melhor, com seu corpo. Alguns de fato estão acima do peso, mas grande parte encontra-se dentro de um peso considerado normal.

De acordo com a Organização Mundial da Saúde (OMS), a classificação de peso por índice de massa corporal obedece aos seguintes números:

CATEGORIA	IMC
Peso normal	18,5-24,9
Sobrepeso	25,0-29,9

Obeso	**30,0-39,9**
Obeso mórbido	**40 e acima**

Podemos nos perguntar: por que ser magro é tão bom?

É consenso que uma pessoa sem sobrepeso tem vantagens enormes na prevenção de patologias, como diabetes, hipertensão, cardiopatias, artropatias, e muitas outras. Quero enfatizar que há uma magreza, ou melhor, um corpo idealizado como 'perfeito', em que essa perfeição passa a ser ditada pelos valores sociais vigentes.

Essa mesma magreza agrega valores como competência, disciplina e muita autoestima.

Encontramos uma tentativa de explicação na história da humanidade, quando a oferta de alimentos era escassa, como durante as guerras – ou mesmo em sociedades extremamente pobres. Nesses períodos, ser gordo mostrava abundância e poder. Já quando a oferta era farta, fácil de se obter, como hoje, ser magro denota autocontrole, disciplina e competência.

Em alguns países, como no Brasil, em que ainda se morre de fome, desfazendo essa consideração, as estatísticas têm mostrado que a obesidade nas classes mais baixas vem aumentando por conta de os alimentos mais baratos serem, usualmente, os mais calóricos. Exemplo disso são as massas, os pães, os biscoitos, entre outros. Já as frutas, os legumes e as carnes são bem mais caras e menos engordativas.

Freud já apontava que a civilização se caracteriza pela renúncia e pelo sentimento de insatisfação que os homens experimentam quando vivem em sociedade. Esse mal-estar é criado pelo conflito irreconciliável entre as exigências pulsionais e as restrições e demandas civilizatórias. A aparência do indivíduo também se situa nesse contexto, uma vez que a contemporaneidade exige uma magreza para que se seja feliz e bem-sucedido.

Esse modelo ditatorial de aparência gera insatisfações, pois nem todos conseguem impor restrições alimentares a si próprios, ou possuem um corpo de acordo com a demanda do 'belo'. O corpo não é maleável, como muitos pensam, apesar de todas as interferências cirúrgicas, nutricionais ou modeladoras possíveis.

As mulheres são as maiores vítimas da insatisfação com o corpo e a brasileira é um bom exemplo disso: a maioria de quadris e coxas fartas persegue um *shape* Giselle Bündchen – pernas longas e magras.

> *Michelle, 18 anos, com IMC 21 (normal para baixo), excelente aparência, no entanto, submete-se a dietas radicais e a pesados exercícios físicos no intuito de afinar quadril e pernas. Como não consegue, cria uma insatisfação corporal que resultará em reclusão social (evita ir à praia e sempre usa roupas que escondam as pernas).*

Como já visto aqui neste livro, os indivíduos podem, a partir daí, desenvolver os distúrbios alimentares clássicos, como a anorexia ou a bulimia, pois o emagrecimento passa a ser o motivo maior da existência da pessoa e ela passa a basear seu sucesso ou fracasso a partir do êxito obtido nessa área, apresentando uma autoestima oscilante, na maior parte do tempo, baixa.

O envolvimento pessoal torna-se intenso, comprometendo parcialmente outros setores da vida. A pessoa vive em constante estresse, fazendo exercícios extremos e dietas de baixíssimas calorias que podem desencadear compulsões no momento seguinte, com ganho de peso e perpetuando um ciclo.

Tais alterações de comportamento não chegam a configurar um distúrbio alimentar clássico, já que não atendem aos critérios de inclusão constantes no Manual Diagnóstico e Estatístico de Transtornos Mentais (4 ed. DSM IV, *veja o quadro no final desse texto*). Estes distúrbios são classificados como 'transtornos alimentares não especificados' (Tanes).

Há uma legião de insatisfeitos, cujo objetivo dificilmente será alcançado, pois a exigência final é incompatível com uma vida social agradável, com seu biotipo e, principalmente, seu estilo de vida. Incluem-se nesta categoria pessoas que pretendem, num passe de mágica e a qualquer preço, obter resultados imediatos.

É sempre bom lembrar que a má abordagem profissional leva a dietas não balanceadas e ao consumo de medicamentos a rodo. O Brasil é um dos maiores consumidores de anorexígenos, o que levou a Agência Nacional de Vigilância Sanitária (Anvisa) à proibição da maioria deles – o que, de certa forma, foi péssimo, pois o obeso de verdade ficou à deriva, com grande potencial para cirurgias bariátricas, que também têm sido realizadas com alguma displicência.

RESULTADO DE UMA PESQUISA

Para corroborar estas observações, realizei um levantamento junto a 400 pacientes de nossa clínica, escolhidos aleatoriamente entre 2007 e 2010. Desses, apenas 322 atendiam aos quesitos predeterminados. Tais pacientes, como são oriundos de consultório particular, pertenciam ao grupo socioeconômico A, de ambos os sexos e entre 10 e 69 anos, e procuravam auxílio para perder peso.

Observamos que as mulheres são a grande maioria (79%), portanto, as mais insatisfeitas.

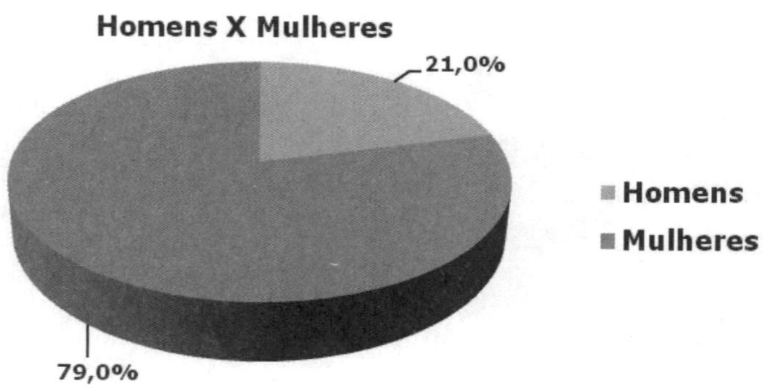

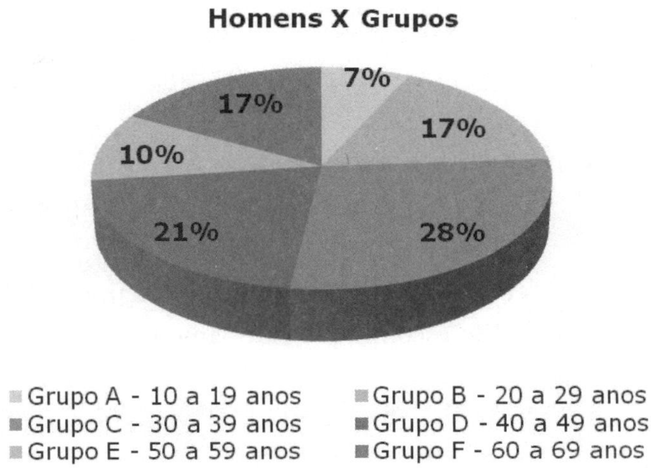

Separei os pacientes por sexo e em grupos etários.

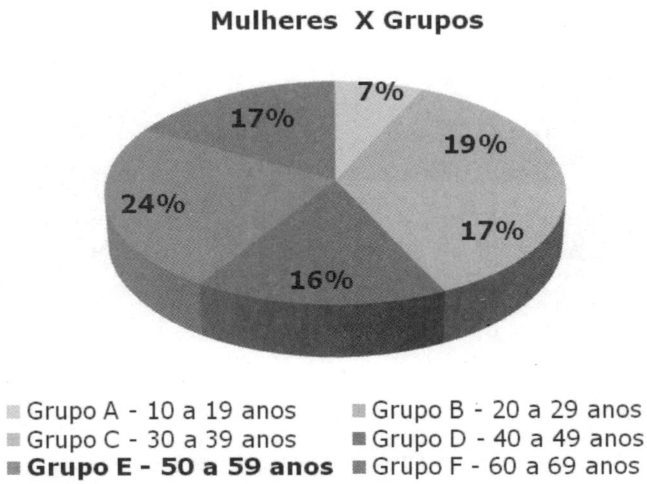

A maioria dos atendimentos masculinos se deu na faixa de 30 a 39 anos. O maior número nesse grupo se apresenta com o casamento, o trabalho intenso, a falta de exercício e a alimentação sem priorização.

Entre as mulheres, um maior número ocorreu no grupo entre 50 e 59, o que chamou mais a atenção.

Classifiquei os pacientes pelo IMC (em peso normal, sobrepeso e obesidade). E pudemos observar que, no grupo feminino, 46% das pacientes estavam na faixa da normalidade, 29% apresentavam sobrepeso e apenas 15% eram obesas.

Fato inverso se deu no grupo masculino, em que 26% apresentavam peso normal, 34% sobrepeso e a maioria, 40%, estava obesa.

No grupo masculino, prevaleceu a obesidade, e no grupo feminino, o peso normal e o sobrepeso, diferentemente das estatísticas publicadas. Convém chamar a atenção para um grupo: Classe A, Zona Sul, Rio de Janeiro.

> *Tiago, 36 anos. Trabalha no mercado financeiro, casado, uma filha. IMC 34. Encaminhado para perder peso, pois tem apresentado picos hipertensivos e colesterol aumentado, sem histórico familiar dessas alterações. Sedentário, alimentação sem horários e de péssima qualidade. Sua justificativa: "não tem tempo".*

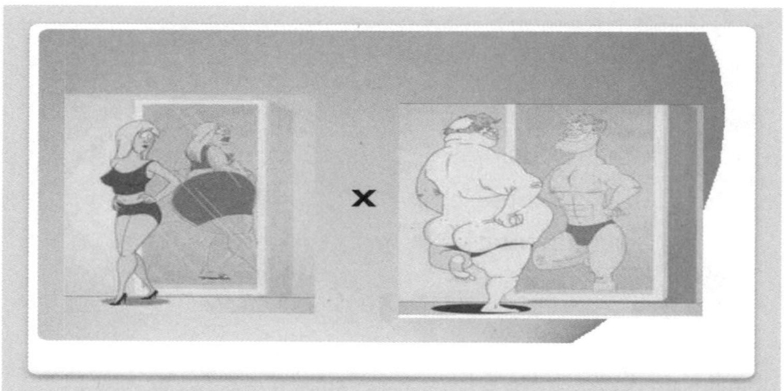

Imagem capturada na Internet. Acesso em 24/07/2012.

Podemos, então, concluir que:

1. *a maioria das mulheres não suporta o sobrepeso e persegue uma aparência magra e procura orientação;*

2. *a maioria dos homens não se importa muito com o sobrepeso, somente procurando ajuda quando está obeso e com comorbidades.*

O que mais nos motivou a elaborar esse levantamento foi a frequência de mulheres em perimenopausa, que apresentavam enorme insatisfação corporal, bem mais que nas outras faixas etárias, traduzindo uma quase desesperada tentativa de resgatar um corpo magro perdido há muito tempo.

Cabe, portanto, o questionamento subjetivo e que é tema desse livro: essas mulheres têm fome de quê?

Algumas conclusões

A resposta parece indicar que são mulheres em momentos de perdas. A menopausa carrega consigo a perda da capacidade de reprodução, comumente vivenciada de maneira errada como o fim da feminilidade. Esse momento crucial de vida muitas vezes coincide com os filhos saindo de casa, coroando o fim de um casamento e do único projeto de vida em comum que restou.

Outros acontecimentos que podem pressionar e influenciar são os episódios de falecimento dos pais, as aposentadorias precoces e a própria perda da juventude. O tempo agora está disponível e elas o utilizam num resgate pessoal, naturalmente complicado após anos de abdicação de si mesmas.

Por meio da perseguição da magreza, elas preenchem o tempo ocioso e camuflam suas angústias, afinal o corpo lhes pertence, elas têm o gerenciamento dele. Como na anorexia da adolescência, têm no corpo um espaço único e particular, não invadido por terceiros.

Raras são as que conseguem atingir o objetivo, seja por superestimarem suas metas, ou por autossabotagem. Afinal, se conseguem, qual a desculpa para sua paralisação?

Que fique claro, então, que essa luta é travada em prol de um escamoteamento da realidade e das dificuldades com esse novo status – o de ser livre.

Vemos esse padrão se repetir em mulheres das mais diferentes características e classes sociais. São donas de casa, empresárias, profissionais liberais, em geral bem-sucedidas no campo profissional, economicamente ativas, mas todas, absolutamente todas, com esse ponto comum: a fome de viver.

Quadro DSM IV
Manual Diagnóstico e Estatístico de Transtornos Mentais da Associação Americana de Psiquiatria – 4ª edição (DSM-IV, 1985)

Critérios Diagnósticos para F50.0 – 307.1 Anorexia Nervosa
a. Recusa a manter o peso corporal em um nível igual ou acima do mínimo normal adequado à idade e à altura (por exemplo, perda de peso levando à manutenção do peso corporal abaixo de 85% do esperado; ou fracasso em ter o ganho de peso esperado durante o período de crescimento, levando a um peso corporal menor que 85% do esperado).
b. Medo intenso de ganhar peso ou de se tornar gordo, mesmo estando com peso abaixo do normal.
c. Perturbação no modo de vivenciar o peso ou a forma do corpo, influência indevida do peso ou da forma do corpo sobre a autoavaliação, ou negação do baixo peso corporal atual.
d. Nas mulheres pós-menarca, amenorreia, isto é, ausência de pelo menos três ciclos menstruais consecutivos. (Considera-se que uma mulher tem amenorreia se seus períodos ocorrem apenas após a administração de hormônio, por exemplo, estrógeno.)
Especificação de tipos:
Tipo Restritivo Durante o episódio atual de Anorexia Nervosa, o indivíduo não se envolveu regularmente em um comportamento de comer compulsivamente ou de purgação (isto é, autoindução de vômito ou uso indevido de laxantes, diuréticos ou enemas).
Tipo Compulsão Periódica/Purgativo Durante o episódio atual de Anorexia Nervosa, o indivíduo envolveu-se regularmente em um comportamento de comer compulsivamente ou de purgação (isto é, autoindução de vômito ou uso indevido de laxantes, diuréticos ou enemas).
Critérios Diagnósticos para F50.2 – 307.51 Bulimia Nervosa

a. Episódios recorrentes de compulsão periódica. Um episódio de compulsão periódica é caracterizado por ambos os seguintes aspectos: (1) ingestão, em um período limitado de tempo (por exemplo, dentro de um período de duas horas) de uma quantidade de alimentos definitivamente maior do que a maioria das pessoas consumiria durante um período similar e sob circunstâncias similares; (2) um sentimento de falta de controle sobre o comportamento alimentar durante o episódio (por exemplo, um sentimento de incapacidade de parar de comer ou de controlar o que ou quanto está comendo).
b. Comportamento compensatório inadequado e recorrente, com o fim de prevenir o aumento de peso, como autoindução de vômito, uso indevido de laxantes, diuréticos, enemas ou outros medicamentos, jejuns ou exercícios excessivos.
c. A compulsão periódica e os comportamentos compensatórios inadequados ocorrem, em média, pelo menos duas vezes por semana, por três meses.
d. A autoavaliação é indevidamente influenciada pela forma e peso do corpo.
e. O distúrbio não ocorre exclusivamente durante episódios de Anorexia Nervosa.
Especificação de tipos:
Tipo Purgativo Durante o episódio atual de Bulimia Nervosa, o indivíduo envolveu-se regularmente na autoindução de vômitos ou no uso indevido de laxantes, diuréticos ou enemas.
Tipo Sem Purgação Durante o episódio atual de Bulimia Nervosa, o indivíduo usou outros comportamentos compensatórios inadequados, tais como jejuns ou exercícios excessivos, mas não se envolveu regularmente na autoindução de vômitos ou no uso indevido de laxantes, diuréticos ou enemas.

Este livro foi impresso nas oficinas gráficas da Editora Vozes Ltda.,
Rua Frei Luís, 100 – Petrópolis, RJ.